法律法规新解读 | 第五版

行政处罚法
解读与应用

邵岩 编著

中国法制出版社
CHINA LEGAL PUBLISHING HOUSE

出版说明

"法律法规新解读"丛书作为一套实用型法律图书，历经四版，以其专业、实用、易懂的优点，赢得了广大读者的认可。自第四版后，相关法律规定已发生较大变化，司法实践中也出现了不少新的法律问题，第五版立足"实用"，以关注民生、服务大众为宗旨，切实提升内容实用性；致力"易懂"，使本丛书真正成为"遇事找法者"运用法律维护权利和利益的利器。本丛书选取与日常生活密切相关的法律领域，将各领域的核心法律作为"主体法"，并且将与主体法密切相关的法律规定汇编收录。

"法律法规新解读"丛书独家打造七重法律价值：

1. 出版专业

中国法制出版社是中华人民共和国司法部主管主办的中央级法律类专业出版社，是国家法律法规标准文本的权威出版机构。

2. 条文解读精炼到位

重难点法条以【条文解读】形式进行阐释，解读内容在吸取全国人大常委会法制工作委员会、最高人民法院等部门对条文的权威解读的基础上，结合实际编写，简单明了、通俗易懂。

3. 实务应用精准答疑

根据日常生活中经常遇到的纠纷与难题，以【实务应用】形式提炼归纳出问题点，对标热点难点，精准答疑解惑。

4. 案例指引权威实用

专设【案例指引】板块，选取最高人民法院公报案例、典型案例、各地区法院公布的经典案例以及中国裁判文书网的终审案例等，以案说法，生动地展示解决法律问题的实例。同时，原文收录一部分最高人民法院、最高人民检察院公布的指导性案例，指导实践更准确、更有力。

5. 关联参见检索便捷

除精选与主体法相关联的法律规定外，在主体法中以【关联参见】的方式链接相关重要条文，帮助读者全方位理解相关规定内容。

6. 附录内容实用丰富

书末收录经提炼的法律流程图、诉讼文书、纠纷处理常用数据、重要法律术语速查表等内容，帮助读者大大提高处理法律事务的效率。

7. 超值赠送增值服务

扫描图书后勒口二维码，免费使用中国法制出版社【法融】数据库。读者可查阅"国家法律法规"栏目和"案例解析"栏目中的"最高法指导案例"和"最高检指导案例"的内容。

中国法制出版社

中华人民共和国行政处罚法
法律适用提示

《中华人民共和国行政处罚法》（以下简称《行政处罚法》① ）是我国规范政府共同行政行为的一部重要法律，于 1996 年 3 月 17 日由第八届全国人民代表大会第四次会议通过，根据 2009 年 8 月 27 日第十一届全国人民代表大会常务委员会第十次会议《关于修改部分法律的决定》第一次修正，根据 2017 年 9 月 1 日第十二届全国人民代表大会常务委员会第二十九次会议《关于修改〈中华人民共和国法官法〉等八部法律的决定》第二次修正，2021 年 1 月 22 日由第十三届全国人民代表大会常务委员会第二十五次会议修订通过，自 2021 年 7 月 15 日起施行。

制定和修改《行政处罚法》，是我国行政法治建设中的一件大事，也是加强社会主义民主政治建设的一个重要步骤。《行政处罚法》的制定和修改，对于规范行政机关有效地依法行政，改进行政管理工作，加强廉政建设，维护社会秩序和公共利益，保护公民的合法权益，促进社会主义市场经济的健康发展，起到重要作用。

2021 年修订的主要考虑包括：一是贯彻落实党中央重大决策部署，立法主动适应改革需要，体现和巩固行政执法领域中取得的重大改革成果。二是坚持问题导向，适应实践需要，扩大地方的行政处罚设定权限，加大重点领域行政处罚力度。三是坚持权由法定的法治原则，增加综合行政执法，赋予乡镇人民政府、街道办事处行政处罚权，完善行政

---

① 为便于阅读，本书中相关法律文件名称中的"中华人民共和国"字样都予以省略。

处罚程序，严格行政执法责任，更好地保障严格规范公正文明执法。四是把握通用性，从行政处罚法是行政处罚领域的通用规范出发，认真总结实践经验，发展和完善行政处罚的实体和程序规则，为单行法律、法规设定行政处罚和行政机关实施行政处罚提供基本遵循。

1. 增加行政处罚的定义、扩大行政处罚的种类

原《行政处罚法》第八条列举了七项行政处罚种类，但没有规定何为行政处罚，实践中遇到不少困难，本次修订作了完善。(1) 增加行政处罚的定义。第二条规定："行政处罚是指行政机关依法对违反行政管理秩序的公民、法人或者其他组织，以减损权益或者增加义务的方式予以惩戒的行为。"简单来讲就是新的不利处分。(2) 增加行政处罚种类。第九条增加规定通报批评、降低资质等级、限制开展生产经营活动、责令关闭、限制从业。

2. 扩大地方性法规设定行政处罚的权限

为充分发挥地方性法规在地方治理中的作用，第十二条第三款增加规定："法律、行政法规对违法行为未作出行政处罚规定，地方性法规为实施法律、行政法规，可以补充设定行政处罚。拟补充设定行政处罚的，应当通过听证会、论证会等形式广泛听取意见，并向制定机关作出书面说明。地方性法规报送备案时，应当说明补充设定行政处罚的情况。"同时，第十一条第三款进一步明确了行政法规设定行政处罚的创制性立法权。

3. 完善行政处罚实施主体规定

(1) 根据党和国家机构改革和行政执法体制改革要求，首次规定"综合行政执法"，在原第十六条基础上增加一款，作为第十八条第一款，规定："国家在城市管理、市场监管、生态环境、文化市场、交通运输、应急管理、农业等领域推行建立综合行政执法制度，相对集中行政处罚权。"(2) 进一步规范委托行政处罚。在原第十八条基础上增加一款，作为第二十条第二款，规定："委托书应当载明委托的具体事项、权限、期限等内容。委托行政机关和受委托组织应当将委托书向社会公

布。"（3）规定交由乡镇人民政府、街道办事处行使县级人民政府部门的行政处罚权，但第二十四条规定了基层管理迫切需要、能够有效承接、定期组织评估、省（自治区、直辖市）决定应当公布、加强执法能力建设、完善评议考核制度等诸多限制性要求。

4. 完善行政处罚的适用

（1）规定责令退赔和非法所得为"利润"。第二十八条第二款规定："当事人有违法所得，除依法应当退赔的外，应当予以没收。违法所得是指实施违法行为所取得的款项。法律、行政法规、部门规章对违法所得的计算另有规定的，从其规定。"（2）规定过错推定原则。这是对应受行政处罚行为构成要件的重大修改。第三十三条第二款规定："当事人有证据足以证明没有主观过错的，不予行政处罚。法律、行政法规另有规定的，从其规定。"（3）首次规定了行政协助。第二十六条规定："行政机关因实施行政处罚的需要，可以向有关机关提出协助请求。协助事项属于被请求机关职权范围内的，应当依法予以协助。"（4）规定同一个违法行为违反多个法律规范应当给予罚款处罚的，按照罚款数额高的规定处罚。（5）完善了"两法衔接"。首次要求从司法机关到行政机关的逆循环，及"对依法不需要追究刑事责任或者免予刑事处罚，但应当给予行政处罚的，司法机关应当及时将案件移送有关行政机关"，并对衔接机制作了进一步规定，要求"行政处罚实施机关与司法机关之间应当加强协调配合，建立健全案件移送制度，加强证据材料移交、接收衔接，完善案件处理信息通报机制"。（6）规范行政处罚自由裁量权行使。完善了从轻或者减轻行政处罚，增加了初次违法可以不予处罚。增加规定行政机关可以依法制定行政处罚裁量基准。（7）完善追责时效，涉及公民生命健康安全、金融安全等重点领域的违法行为的追责期限由两年延长至五年。（8）增加"从旧兼从轻"适用规则，实施行政处罚，适用违法行为发生时的法律、法规、规章的规定。但是，作出行政处罚决定时，法律、法规、规章已被修改或者废止，且新的规定处罚较轻或者不认为是违法的，适用新的规定。（9）完善行政处罚决定无效制度。行政处罚没有依据或者实施主体不具有行政主体资格的，以及违反法定程序构成重大且明显违法的，行政处罚无效。（10）明确行政处罚证据种类和适用规则，规定证据必须经查证属实，方可作为认定案件事实的根据；以非法手段取得的证据，不得作为认定案件事实的根据。（11）进一步明确适用范围。外国人、无国籍人、外国组织在中华人民共和国领域内有违法行为，应当给予行政处罚的，适用本法，法律另有规定的除外。

5. 完善行政处罚的程序

（1）明确公示要求，增加规定行政处罚的实施机关、立案依据、实施程序和救济渠道等信息应当公示；具有一定社会影响的行政处罚决定应当依法公开。（2）体现全程记录，增加规定行政机关应当依法以文字、音像等形式，对行政处罚的启动、调查取证、审核、决定、送达、执行等进行全过程记录，归档保存。（3）细化法制审核程序，列明适用情形，明确未经法制审核或者审核未通过的，不得作出行政处罚决定。（4）规范非现场执法，利用电子技术监控设备收集、固定违法事实的，应当经过法制和技术审核，确保电子技术监控设备符合标准、设置合理、标志明显，设置地点应当向社会公布。电子技术监控设备记录违法事实应当真实、清晰、完整、准确。同时，要保障陈述权、申辩权。（5）进一步完善回避制度，细化回避情形，明确对回避申请应当依法审查，但不停止调查或者实施行政处罚。（6）增加规定发生重大传染病疫情等突发事件，为了控制、减轻和消除突发事件引起的社会危害，行政机关对违反突发事件应对措施的行为，依法快速、从重处罚，但不完全等于简化程序。（7）适应行政执法实际需要，将适用简易程序的罚款数额由五十元以下和一千元以下，分别提高至二百元以下和三千元以下。（8）增加立案程序和办理时限，除当场作出的行政处罚外，行政机关认为符合立案标准的，应当立案；案件办理时限原则上是九十日。（9）完善听证程序，扩大适用范围，增加了没收较大数额违法所得、没收较大价值非法财物，降低资质等级，责令关闭，限制从业，其他较重的行政处罚，适当延长申请期限，明确行政机关应当结合听证笔录作出决定。（10）增加电子送达，当事人同意并签订确认书的，行政机关可以采用传真、电子邮件等方式，将行政处罚决定书等送达当事人。

6. 完善行政处罚的执行

（1）适应行政执法实际需要，将行政机关当场收缴的罚款数额由二十元以下提高至一百元以下。（2）与《行政强制法》相衔接，完善行政处罚的强制执行程序，规定当事人逾期不履行行政处罚决定的，行政机关可以根据法律规定实施行政强制执行。（3）明确行政机关批准延期、分期缴纳罚款的，申请人民法院强制执行的期限，自暂缓或者分期缴纳罚款期限结束之日起计算。（4）增加对限制人身自由的行政处罚决定，当事人可以申请暂缓执行。（5）明确当事人申请行政复议或者提起行政诉讼的，加处罚款的数额在行政复议或者行政诉讼期间不予计算。（6）增加电子支付，当事人还可以通过电子支付系统缴纳罚款。

7. 加强行政执法监督

（1）增加规定罚款、没收违法所得或者没收非法财物拍卖的款项，不得同作出行政处罚决定的行政机关及其工作人员的考核、考评直接或者变相挂钩。（2）增加规定县级以上人民政府应当定期组织开展行政执法评议、考核，加强对行政处罚的监督检查，规范和保障行政处罚的实施。

目　录

中华人民共和国行政处罚法

第一章　总　　则
第　一　条　【立法目的】 ／3
第　二　条　【行政处罚的定义】 ／4
第　三　条　【适用范围】 ／6
第　四　条　【适用对象】 ／8
第　五　条　【适用原则】 ／8
第　六　条　【适用目的】 ／11
第　七　条　【被处罚者权利】 ／11
第　八　条　【被处罚者承担的其他法律责任】 ／13

第二章　行政处罚的种类和设定
第　九　条　【处罚的种类】 ／16
第　十　条　【法律对处罚的设定】 ／21
第十一条　【行政法规对处罚的设定】 ／22
第十二条　【地方性法规对处罚的设定】 ／23
第十三条　【国务院部门规章对处罚的设定】 ／26
第十四条　【地方政府规章对处罚的设定】 ／27
第十五条　【对行政处罚定期评估】 ／28
第十六条　【其他规范性文件不得设定处罚】 ／29

第三章　行政处罚的实施机关
第十七条　【处罚的实施】 ／32
第十八条　【处罚的权限】 ／34
第十九条　【授权实施处罚】 ／38
第二十条　【委托实施处罚】 ／40

第二十一条 【受托组织的条件】 / 41

第四章 行政处罚的管辖和适用

第二十二条 【地域管辖】 / 42

第二十三条 【级别管辖】 / 44

第二十四条 【行政处罚权的承接】 / 44

第二十五条 【共同管辖及指定管辖】 / 45

第二十六条 【行政协助】 / 47

第二十七条 【刑事责任优先】 / 48

第二十八条 【责令改正与责令退赔】 / 53

第二十九条 【一事不二罚】 / 54

第 三 十 条 【未成年人处罚的限制】 / 57

第三十一条 【精神病人及限制性精神病人处罚的限制】 / 59

第三十二条 【从轻、减轻处罚的情形】 / 60

第三十三条 【不予行政处罚的条件】 / 66

第三十四条 【行政处罚裁量基准】 / 66

第三十五条 【刑罚的折抵】 / 67

第三十六条 【处罚的时效】 / 68

第三十七条 【法不溯及既往】 / 72

第三十八条 【行政处罚无效】 / 72

第五章 行政处罚的决定

第一节 一 般 规 定

第三十九条 【信息公示】 / 73

第 四 十 条 【处罚的前提】 / 74

第四十一条 【信息化手段的运用】 / 76

第四十二条 【执法人员要求】 / 77

第四十三条 【回避】 / 78

第四十四条 【告知义务】 / 80

第四十五条 【当事人的陈述权和申辩权】 / 81

第四十六条 【证据】 / 82

第四十七条 【执法全过程记录制度】 / 84

第四十八条 【行政处罚决定公示制度】 / 85

第四十九条 【应急处罚】 / 85

第 五 十 条 【保密义务】 / 86

第二节 简 易 程 序

第五十一条 【当场处罚的情形】 / 87

第五十二条 【当场处罚的程序】 / 91

第五十三条 【当场处罚的履行】 / 92

第三节 普 通 程 序

第五十四条 【调查取证与立案】 / 93

第五十五条 【出示证件与协助调查】 / 94

第五十六条 【证据的收集原则】 / 95

第五十七条 【处罚决定】 / 96

第五十八条 【法制审核】 / 98

第五十九条 【行政处罚决定书的内容】 / 99

第 六 十 条 【决定期限】 / 100

第六十一条 【送达】 / 101

第六十二条 【处罚的成立条件】 / 102

第四节 听 证 程 序

第六十三条 【听证权】 / 103

第六十四条 【听证程序】 / 108

第六十五条 【听证笔录】 / 111

第六章 行政处罚的执行

第六十六条 【履行处罚决定及分期履行】 / 111

第六十七条 【罚缴分离原则】 / 113

第六十八条 【当场收缴罚款范围】 / 115

第六十九条 【边远地区当场收缴罚款】 / 115

第 七 十 条 【罚款票据】 / 116

第七十一条 【罚款交纳期】 / 117

第七十二条 【执行措施】 / 118

第七十三条 【不停止执行及暂缓执行】 / 119

第七十四条 【没收的非法财物的处理】 / 120

第七十五条 【监督检查】 / 122

第七章　法　律　责　任

第七十六条　【上级行政机关的监督】　／123

第七十七条　【当事人的拒绝处罚权及检举权】　／125

第七十八条　【自行收缴罚款的处理】　／125

第七十九条　【私分罚没财物的处理】　／126

第 八 十 条　【行政机关的赔偿责任及对有关人员的处理】　／127

第八十一条　【违法实行检查或执行措施的赔偿责任】　／128

第八十二条　【以行代刑的责任】　／128

第八十三条　【失职责任】　／129

第八章　附　　　则

第八十四条　【属地原则】　／130

第八十五条　【工作日】　／130

第八十六条　【施行日期】　／130

关联法规

中华人民共和国治安管理处罚法　／133

　　（2012 年 10 月 26 日）

行政执法机关移送涉嫌犯罪案件的规定　／157

　　（2020 年 8 月 7 日修订）

罚款决定与罚款收缴分离实施办法　／162

　　（1997 年 11 月 17 日）

市场监督管理行政处罚信息公示规定　／164

　　（2021 年 7 月 30 日）

市场监督管理行政处罚程序规定　／167

　　（2022 年 9 月 29 日修正）

市场监督管理行政处罚听证办法　／187

　　（2021 年 7 月 2 日修正）

实用附录

行政处罚听证流程图　／197

当场收缴罚款流程图　／199

重要法律术语速查表　／200

实务应用速查表

01. 如何理解行政处罚法定原则？／ 7

02. 如何区分行政处罚与刑事处罚？／ 15

03. 如何理解相对集中行政处罚权？／ 35

04. 被授权组织应当符合什么条件？／ 39

05. 受委托实施行政处罚的组织应当履行什么义务？／ 40

06. 管辖的例外情形包括哪些？／ 43

07. "责令改正" 行为属于什么性质？／ 53

08. 如何理解 "按照罚款数额高的规定处罚"？／ 54

09. 确定责任年龄应当注意什么？／ 58

10. 如何区分 "从轻处罚" 和 "减轻处罚"？／ 61

11. 如何计算时效？／ 70

12. 怎样构成 "查明事实"？／ 74

13. 如何使当事人能够行使其享有的陈述和申辩权？／ 81

14. 在司法实践中，对先行登记保存证据行为进行审查应注意什么？／ 96

15. 依照《民事诉讼法》中有关送达的内容，行政处罚决定书应如何送达？／ 101

16. 如何判断当事人是否自行、主动履行了处罚决定？／ 113

案例指引速查表

01. 企业事业单位和其他生产经营者通过私设暗管等逃避监管的方式排放符合排放标准的污水，是否应受到行政处罚？ / 5

02. 在行为人既没有醉酒驾驶机动车的主观过错，也没有造成严重社会后果的情况下，交警支队作出的吊销机动车驾驶证且 5 年内不得重新领取的行政处罚是否符合过罚相当原则？ / 9

03. 行政机关作出被诉处罚决定前未向涉案公司进行调查核实是否符合正当程序原则？ / 12

04. 因国家重点工程建设征地导致现有厂区安全生产条件发生变化，在已自行采取停产停业措施的情形下，行政机关作出停产停业的行政处罚决定是否具有合法性和必要性？ / 18

05. 责令改正或限期改正违法行为是否属于行政处罚？ / 19

06. 行政机关能否在法律、行政法规并未对某行为设定行政处罚的情况下根据地方性法规对该行为作出行政处罚？ / 24

07. 地方有关部门能否制定严于国家标准的相关燃料地方质量标准的行政规范性文件？ / 30

08. 作为工程发包方的企业项目部能否作出行政处罚？ / 33

09. 交通运输监察支队作为市交通运输局的内设机构，能否以自己的名义作出行政处罚决定？ / 36

10. 民营企业违规经营触犯刑法情节较轻且认罪认罚的，是否可以作出不起诉决定，仅给予行政处罚？ / 49

11. 在首次行政处罚后、违法状态仍长时间持续的情况下，能否以一事不二罚原则为由认定针对其后持续的违法行为作出的行政处罚缺乏依据？ / 55

12. 未主动采取措施减轻或消除违法行为的危害后果，能否主张从轻或减轻行政处罚？ / 62

13. 违法行为已超过法定处罚期限，行政机关能否作出处罚决定？ / 70

14. 执法人员在执法过程中未以合理方式查明事实就作出行政处罚的行为是否合法？ / 75

15. 行政执法主体具体执行者与行政处罚主体具体执行者人员重叠是否违背回避原则？ / 79

16. 对行为人驾驶机动车行经人行横道时遇行人通过而未停车让行的行为给予行政处罚是否适当？ / 88

17. 行政处罚决定未考虑听证及质证的意见，是否合法？ / 104

18. 行政机关在没收较大数额财产时并未适用听证程序，程序是否合法？ / 105

法律法规
新解读丛书

中华人民共和国
行政处罚法

行政处罚法
解读与应用

中华人民共和国行政处罚法

· 1996 年 3 月 17 日第八届全国人民代表大会第四次会议通过
· 根据 2009 年 8 月 27 日第十一届全国人民代表大会常务委员会第十次
  会议《关于修改部分法律的决定》第一次修正
· 根据 2017 年 9 月 1 日第十二届全国人民代表大会常务委员会第二十
  九次会议《关于修改〈中华人民共和国法官法〉等八部法律的决定》
  第二次修正
· 2021 年 1 月 22 日第十三届全国人民代表大会常务委员会第二十五次
  会议修订
· 2021 年 1 月 22 日中华人民共和国主席令第 70 号公布
· 自 2021 年 7 月 15 日起施行

第一章　总　　则

第一条　【立法目的】① 为了规范行政处罚的设定和实施，保
障和监督行政机关有效实施行政管理，维护公共利益和社会秩序，
保护公民、法人或者其他组织的合法权益，根据宪法，制定本法。

条文解读

　　行政处罚是国家法律责任制度的重要组成部分，是行政机关依法管
理的重要手段之一。制定行政处罚法，首先必须明确立法目的和指导思
想。作为一项公权力，行政处罚的价值取向本质上就是维护公共利益和
社会秩序。为了使行政处罚更好地发挥作用，本法主要从以下方面体现

---

　　① 本书条文主旨为编者所加，为方便读者检索使用，仅供参考，下同。

维护公共利益和社会秩序的指导思想：（1）确立了依法实施的行政处罚的有效性、权威性。《行政处罚法》明确规定，当事人应当切实履行依法作出的行政处罚决定。（2）为了保证行政机关及时、有效地实施行政处罚，行政处罚法赋予了行政机关许多权力，例如当场处罚权、保全证据权等。

第二条　【行政处罚的定义】行政处罚是指行政机关依法对违反行政管理秩序的公民、法人或者其他组织，以减损权益或者增加义务的方式予以惩戒的行为。

条文解读

行政处罚 🔵 原《行政处罚法》只通过列举的方式罗列了部分行政处罚事项，并没有对行政处罚进行界定，这不利于行政处罚的执法实践。因此，2021年增加了本条。行政处罚具有行政性、制裁性、法定性、处分性等特点。行政处罚是新的不利处分。

在理解本条内容时，应着重考虑以下五个方面：

（1）行政处罚的实施主体是行政主体。尽管本条表述的是"行政机关"，但需要注意的是，并非所有的行政机关都是行政处罚的主体。另外，除行政机关外，拥有行政处罚权限的法律、法规授权组织和受行政机关委托的组织也是行政处罚的实施主体。

（2）行政处罚针对的是公民、法人或其他组织违反行政管理秩序的行为。本条所规定的违反行政管理秩序的行为，并不包括情形严重已经构成犯罪的行为。

（3）行政处罚的方式是减损权益或者增加义务。所谓权益，是指权利和利益，即行为主体在法律规定的范围内，为满足其特定的需求而自主享有的权利和利益。因此，所谓减损权益，严格来说是指减损应受行政处罚行为当事人的权利和利益。

（4）行政处罚的对象是作为外部相对人的公民、法人或者其他组织，而非内部相对人，这可使行政处罚区别于行政机关基于行政隶属关系、行政监察机关对公务员所作出的处分行为。

（5）行政处罚的目的是"惩戒"。

案例指引

01. 企业事业单位和其他生产经营者通过私设暗管等逃避监管的方式排放符合排放标准的污水，是否应受到行政处罚？①

陈德龙诉成都市成华区环境保护局环境行政处罚案

（最高人民法院审判委员会讨论通过　2019 年 12 月 26 日发布）

关键词　行政/行政处罚/环境保护/私设暗管/逃避监管

裁判要点

企业事业单位和其他生产经营者通过私设暗管等逃避监管的方式排放水污染物的，依法应当予以行政处罚；污染者以其排放的水污染物达标、没有对环境造成损害为由，主张不应受到行政处罚的，人民法院不予支持。

相关法条

《中华人民共和国水污染防治法》（2017 年修正）第 39 条、第 83 条（本案适用的是 2008 年修正的《中华人民共和国水污染防治法》第 22 条第 2 款、第 75 条第 2 款）

基本案情

陈德龙系个体工商户龙泉驿区大面街道办德龙加工厂业主，自 2011 年 3 月开始加工生产钢化玻璃。2012 年 11 月 2 日，成都市成华区环境保护局（以下简称成华区环保局）在德龙加工厂位于成都市成华区保和街道办事处天鹅社区一组 B-10 号的厂房检查时，发现该厂涉嫌私自设置暗管偷排污水。成华区环保局经立案调查后，依照相关法定程序，于 2012 年 12 月 11 日作出成华环保罚字〔2012〕1130-01 号行政处罚决

---

① 最高人民法院指导案例 138 号。

定，认定陈德龙的行为违反《中华人民共和国水污染防治法》（以下简称水污染防治法）第二十二条第二款规定，遂根据水污染防治法第七十五条第二款规定，作出责令立即拆除暗管，并处罚款 10 万元的处罚决定。陈德龙不服，遂诉至法院，请求撤销该处罚决定。

裁判结果

2014 年 5 月 21 日，成都市成华区人民法院作出（2014）成华行初字第 29 号行政判决书，判决：驳回原告陈德龙的诉讼请求。陈德龙不服，向成都市中级人民法院提起上诉。2014 年 8 月 22 日，成都市中级人民法院作出（2014）成行终字第 345 号行政判决书，判决：驳回原告陈德龙的诉讼请求。2014 年 10 月 21 日，陈德龙向成都市中级人民法院申请对本案进行再审，该院作出（2014）成行监字第 131 号裁定书，裁定不予受理陈德龙的再审申请。

裁判理由

法院生效裁判认为，德龙加工厂工商登记注册地虽然在成都市龙泉驿区，但其生产加工形成环境违法事实的具体地点在成都市成华区，根据《中华人民共和国行政处罚法》第二十条、《环境行政处罚办法》第十七条的规定，成华区环保局具有作出被诉处罚决定的行政职权；虽然成都市成华区环境监测站于 2012 年 5 月 22 日出具的《检测报告》，认为德龙加工厂排放的废水符合排放污水的相关标准，但德龙加工厂私设暗管排放的仍旧属于污水，违反了水污染防治法第二十二条第二款的规定；德龙加工厂曾因实施"未办理环评手续、环保设施未验收即投入生产"的违法行为受到过行政处罚，本案违法行为系二次违法行为，成华区环保局在水污染防治法第七十五条第二款所规定的幅度内，综合考虑德龙加工厂系二次违法等事实，对德龙加工厂作出罚款 10 万元的行政处罚并无不妥。

第三条　【适用范围】行政处罚的设定和实施，适用本法。

本条规定的是《行政处罚法》的适用范围。行政处罚的设定是立法行为，行政处罚的实施是执法行为，行政处罚的设定和实施，均适用本法，意味着有关行政处罚的立法行为和执法行为，都要以《行政处罚法》的规定为依据。就立法行为而言，不仅制定行政法规、地方性法规和规章要遵守《行政处罚法》，就是全国人大及其常委会制定法律也要遵守《行政处罚法》。由此不难看出这部法律作为基本法律的性质。

实务应用

01. 如何理解行政处罚法定原则？

本条体现了行政处罚法定原则，包括行政处罚依法设定和行政处罚依法实施两个方面。

第一，行政处罚的设定必须法定，是指受到行政处罚的当事人行为、种类、幅度等设定都需要有法律依据，主要包括行政处罚的种类法定和行政处罚设定权限法定。在行政处罚的种类设定方面，本法第9条对行政处罚的种类作了明确规定。据此，行政机关只能在其所规定的种类范围内予以处罚，不得超出法律规定范围自行创设行政处罚种类。并且，本法第9条还明确规定，只有法律和行政法规才能创设新的行政处罚种类。同时，在行政处罚的设定权限方面，本法第10条至第14条也明确规定了法律、行政法规、地方性法规、部门规章和地方政府规章各自的设定权限。除此之外，其他规范性文件禁止设定行政处罚。

第二，行政处罚的实施必须法定，是指行政处罚实施主体及其职权、实施原则和实施程序都必须法定，主要包括行政处罚实施主体法定、实施程序法定等内容。在行政处罚实施主体法定方面，本法第三章作了明确规定。按照规定，不是所有行政机关都能够实施行政处罚，必须是具有行政处罚权的行政机关在法定职权范围内方可实施行政处罚。在行政处罚实施程序法定方面，本法第五章也作了明确规定。行政机关在实施行政处罚时，不仅要求有实体法律依据，而且必须遵守本法规定的程序。

第四条 【适用对象】公民、法人或者其他组织违反行政管理秩序的行为，应当给予行政处罚的，依照本法由法律、法规、规章规定，并由行政机关依照本法规定的程序实施。

条文解读

行政处罚的适用条件 ➡ （1）行政处罚是公民、法人或者其他组织违反行政管理秩序应当承担的法律责任。（2）法律、法规或者规章明确规定，公民、法人或者其他组织违反行政管理秩序应当给予行政处罚的，才能给予行政处罚。（3）行政处罚只能由行政机关依照法定程序实施，这是行政处罚区别于刑事处罚的关键。

第五条 【适用原则】行政处罚遵循公正、公开的原则。

设定和实施行政处罚必须以事实为依据，与违法行为的事实、性质、情节以及社会危害程度相当。

对违法行为给予行政处罚的规定必须公布；未经公布的，不得作为行政处罚的依据。

条文解读

公正、公开原则 ➡ 所谓公正，是指公平正直、不偏私。公正原则是处罚合法原则的必要补充，这是因为在行政处罚时，有时虽然在形式上是合法的，是在法定的幅度和范围内实施的，但是有明显的不合理、不适当之处。

所谓公开，是指不加隐蔽。公开原则是合法原则、公正原则的外在表现形式，具体是指处罚的依据、过程、决定等是公开的、开放的。主要表现在：（1）处罚的依据必须是公开的，不能依据内部文件实施处罚；（2）处罚的程序对相对人是公开的，如获取证据的渠道是公开的、检查是公开的、处罚决定是公开的；（3）在行政处罚的实施过程中，行为人有申辩和了解有关情况的权利。本条的规定，是我国法律第一次明确规定这项原则，对于促进行政处罚的科学化、民主化，保护公民、法人和其他组织的合法权益，具有重要意义。

过罚相当原则 ➡️ 违法行为与处罚相适应的原则，也叫过罚相当原则。一般来说，法律、法规和规章都明确规定了与违法行为相适应的处罚种类及轻重减免的条件。例如，在什么条件下处以罚款、罚款数额等。各类违法行为的性质不同，给社会造成的危害不同，行政处罚必须与违法行为相适应，才能对症下药。

案例指引

02. **在行为人既没有醉酒驾驶机动车的主观过错，也没有造成严重社会后果的情况下，交警支队作出的吊销机动车驾驶证且 5 年内不得重新领取的行政处罚是否符合过罚相当原则？**①

2017 年 12 月 27 日 0 时 20 分许，原告汲某龙驾驶电动二轮车至某路口时，与一辆小型轿车相撞，造成汲某龙轻微外伤、两车不同程度损坏的后果。因汲某龙涉嫌酒后驾驶机动车，执勤民警依法扣留了其电动车和驾驶证，并开具了《行政强制措施凭证》。经血液检测，汲某龙血液中乙醇含量为 141mg/100ml。涉案电动车经鉴定机构鉴定认为：该二轮车属于机动车。2018 年 7 月 10 日，某市交警支队依法作出《行政处罚决定书》，决定给予吊销机动车驾驶证，5 年内不得重新取得机动车驾驶证的行政处罚。

某市交警支队作出上述行政处罚决定后，汲某龙不服向被告某市人民政府（以下简称某市政府）提起行政复议，请求撤销该行政处罚决

---

① 参见《某市公安局交通警察支队与汲某龙等处罚类二审行政判决书》，案号：（2019）鲁 01 行终 1059 号，载中国裁判文书网，最后访问日期：2023 年 7 月 20 日。

定。某市政府经复议认为，被复议行政行为超出法定办案期限，应当确认违法。汲某龙不服，提起诉讼。

一审法院认为，被告某市交警支队对汲某龙作出的行政处罚，与《行政处罚法》规定的过罚相当原则不完全符合，具有不合理性，应予撤销。

二审法院认为，本案的争议焦点系对汲某龙作出的"吊销机动车驾驶证，5年内不得重新取得机动车驾驶证"的行政处罚是否合理。《行政处罚法》第5条第2款规定："设定和实施行政处罚必须以事实为依据，与违法行为的事实、性质、情节以及社会危害程度相当。"第6条规定："实施行政处罚，纠正违法行为，应当坚持处罚与教育相结合，教育公民、法人或者其他组织自觉守法。"《行政诉讼法》规定，"人民法院审理行政案件，对行政行为是否合法进行审查"。行政机关进行行政处罚具有一定的自由裁量权，即在法律许可的情况下，在作为、不作为、怎样作为等方面进行权衡确定，并在方法、种类、幅度、结果、程序、适用法律等诸多细节上进行选择的权力。人民法院在对行政机关作出的行政处罚行为进行审查时，对其自由裁量权进行适度的合理性审查，是行政诉讼的合法性审查制度的应有之义。而判断行政处罚是否保持在适度、必要的合理限度之内，需要借助比例原则，这要求行政机关在行使自由裁量权时必须选择相对成本最小的执法手段，选择对行政相对人最小侵害的方式，从而使行政执法的成本与执法收益相一致。行政机关作出的处罚决定应针对影响的程度，责令行政相对人采取相应的措施，既要保证行政管理目标的实现，又要兼顾保护相对人的权益，应以达到行政执法目的和目标为限，尽可能使相对人的权益遭受较小比例的侵害，如此，有利于维护行政机关的公信力，实现执法效果与社会效果的统一。

本案中，作出涉案处罚决定时，国家关于电动车管理的相关意见尚未发布，某市公安交警部门当时并未明确提出电动车需要挂牌才能上路的要求，对超标电动车的相关管理制度亦不完善，结合《关于加强电动自行车国家标准实施监督的意见》相关规定，在对电动车管理制度尚不完善的时期，对行政相对人作出的行政处罚应体现行政法的谦抑性，即适度、必要、合理。某市交警支队作出的涉案行政处罚过重，不具合理性。故一审法院认定对汲某龙作出的"吊销机动车驾驶证，5 年内不得重新取得机动车驾驶证"的行政处罚，违背过罚相当原则，具有不合理性，应予撤销，并无不当。

关联参见

《政府信息公开条例》；《国务院办公厅关于全面推行行政执法公示制度执法全过程记录制度重大执法决定法制审核制度的指导意见》

第六条　【适用目的】实施行政处罚，纠正违法行为，应当坚持处罚与教育相结合，教育公民、法人或者其他组织自觉守法。

条文解读

处罚与教育相结合原则 ➡ 作为法律制裁的一种形式，行政处罚具有教育的功能。行政处罚通过对行政违法行为的制裁，确实能起到"敲山震虎、罚一儆百"的作用，但是这里的教育目的不是引起相对人对行政处罚的恐惧。单纯依靠处罚，并不能保障法律、法规和规章的贯彻实施。法律、法规和规章实施的最重要的保障，是人们对法的深刻理解和衷心支持。因此，要维护法的尊严，制止违法行为，必须坚持处罚与教育相结合的原则。行政处罚不是目的，而是一种手段，应当把处罚的手段和教育的目的结合起来，保障法律的实施，防止违法和犯罪，维护安定团结的社会局面。

本条应与不予处罚、可以不予处罚、减轻处罚、从轻处罚等条款结合起来适用。实践中不少地方和部门编制了上述四张清单。各省、自治区、直辖市都制定了行政处罚裁量基准。

第七条　【被处罚者权利】公民、法人或者其他组织对行政机关所给予的行政处罚，享有陈述权、申辩权；对行政处罚不服的，有权依法申请行政复议或者提起行政诉讼。

公民、法人或者其他组织因行政机关违法给予行政处罚受到损害的，有权依法提出赔偿要求。

条文解读

被处罚者的救济途径 ➡ 本条规定的基本内容是，行政机关给予行为人行政处罚，行为人必须有救济的途径，否则就不应对其予以处罚。这里的救济，是指公民、法人或者其他组织因行政机关的违法或不当行为，致使其合法权益受到损害，请求国家予以补救的制度。这类救济的途径很多，如相对人请求行政机关改正错误、申诉、声明异议、申请行政复议或者提起行政诉讼。从广义上说，这些都可称之为救济。从狭义上说，救济一般指申请行政复议、提起行政诉讼和请求行政赔偿。

案例指引

03. 行政机关作出被诉处罚决定前未向涉案公司进行调查核实是否符合正当程序原则？[①]

再审申请人某区市场监管局因行政处罚决定一案，不服北京市第一中级人民法院（以下简称二审法院）作出的（2019）京01行终746号行政判决（以下简称二审判决），申请再审。北京市高级人民法院依法组成合议庭对本案进行了审查，现已审查终结。

某区市场监管局申请再审称：二审判决违反国务院《全面推进依法行政实施纲要》的规定；《行政处罚法》第一章总则明确规定享有陈述、申辩权利的是行政被处罚人，二审判决扩大了享有陈述、申辩权利的主体范围。此外，二审判决加大了行政处罚的工作量和成本，降低了行政执法

[①] 参见《某区市场监督管理局与林某春生态科技股份有限公司等再审审查与审判监督行政裁定书》，案号：（2019）京行申1194号，载中国裁判文书网，最后访问日期：2023年7月20日。

工作效率，将产生不利的社会效果。综上，请求撤销二审判决，判决驳回被申请人北京某流通技术有限公司安宁庄超市一审全部诉讼请求。

北京市高级人民法院认为，本案的焦点问题在于是否应适用正当程序原则、某区市场监管局是否应向林某春生态科技股份有限公司（以下简称林某春公司）进行调查核实。正当程序原则是行政法领域的基本原则之一，其要求将受到行政决定影响的人能够充分而有效地参与行政决定过程，从而对决定的结果发挥积极的作用，故行政机关在行政执法中应遵循正当程序原则。本案中，被诉行政处罚系认定林某春蓝莓果汁饮料标签配料表中标注的成分涉嫌非法添加或者没有使用食品添加剂通用名称，属于违法行为，林某春公司虽然不是被诉处罚决定的行政相对人，但其作为生产涉案产品及标注预包装标签的生产厂家，可能会受到被诉处罚决定的不利影响，故某区市场监管局在查处案件时有必要保障其对调查程序的参与权，就案件事实情况向其进行调查核实。同时需指出，调查程序的参与并不意味着生产商据此取得与行政处罚相对人同等的程序性权利，故某区市场监管局认为二审判决降低行政执法工作效率、产生不利社会效果的主张不能成立，北京市高级人民法院不予支持。因某区市场监管局作出被诉处罚决定前未向林某春公司进行调查核实，故一审法院判决撤销被诉处罚决定、二审法院判决驳回上诉，维持一审判决并无不当。综上，北京市高级人民法院依法驳回了某区市场监管局的再审申请。

关联参见

《国家赔偿法》第 2—8 条

第八条 【被处罚者承担的其他法律责任】公民、法人或者其他组织因违法行为受到行政处罚，其违法行为对他人造成损害的，应当依法承担民事责任。

违法行为构成犯罪，应当依法追究刑事责任的，不得以行政处罚代替刑事处罚。

受处罚不免除民事责任的原则 ➡ 行政处罚与民事责任都是由法律规定的，行为人不当履行义务（包括法律义务和契约义务）和不当行使权利，都应当承担相应的法律后果。但是，二者有明显的区别：（1）责任的性质不同。行政处罚是一种公法责任，是公民、法人或者其他组织对国家承担的一种责任，其所要保护的利益是非人格化的公共利益，具有公法责任的所有特征，如单方性、不可转让性。而民事责任是一种私法责任，是平等主体之间相互承担的责任，其所保护的利益是人格化的公民、法人和其他组织的个体利益。（2）行政处罚与民事责任的社会功用不同。行政处罚是一种对违法行为的制裁，是制止违法行为或者对违法行为人某种权利予以限制、剥夺的一种惩戒措施。而民事责任虽然也有惩戒作用，但它不以惩戒为目的，而是以受害人的合法权益得到补救、补偿为目的。因此，民事责任的着眼点是补偿性。补偿的标准也大都以等价为标准。（3）承受行政处罚与民事责任的主体不同。行政处罚由行政主体直接对违法行为人适用，不产生违法行为人与他人的责任转让问题。实践中，对法人或者负有责任的人员予以处罚，是从行为人与法人及有关人员的内部责任关系上来把握的，而不是因行为人的责任转让所致。而民事责任的适用是从保护受害人的利益的角度来把握的，规定在某些情况下由一个民事主体（不一定是违法行为人）对受害人先行承担民事责任，然后再向违法行为人追偿。（4）适用行政处罚与民事责任的程序不同。适用行政处罚是严格按行政程序进行的，行政程序的特点是体现行政权力的单方意志性，其追求的价值是行政效率。而适用民事责任原则上是按司法程序进行的，司法程序有双方当事人，其追求的价值是公正性，着眼点是解决纠纷，保护双方当事人的合法权益。

02. 如何区分行政处罚与刑事处罚？

行政处罚与刑事处罚的相同之处：（1）责任的基础相同。行政处罚与刑事处罚的存在均以法律有明文规定为基础，前者遵循"法无明文规定不为罚"之原则，后者恪守"罪刑法定"主义。（2）实施处罚的主体均为国家权力的拥有者。无论是实施行政处罚，还是实施刑事处罚，都是直接运用国家权力的体现，实施处罚的主体必须是国家权力的主体，任何非权力主体的组织和个人均不得以自己的名义实施处罚。这被称为"国家追究主义"原则。（3）二者均不产生责任的转让问题。行政处罚原则上和刑事处罚一样只直接对行为人适用，不产生违法行为人与他人的责任转让。除此之外，行政处罚与刑罚在其他方面还有不少相同点，例如，并罚的原则、证据的收集与运用等。

行政处罚与刑事处罚的区别：（1）适用的条件不同。行政处罚一般是对违法情节和后果较轻或者某些特定性质的违法行为的制裁，是对行政违法行为的制裁。刑事处罚主要是对违法情节和行为后果较重或者某些特定性质的违法行为的制裁，是对刑事违法行为的制裁。（2）作用不同。行政处罚侧重的是教育功能，制裁是为了更好地教育，只要教育的目的客观地达到，法律应允许实施行政处罚的主体免除违法行为人的处罚之责。刑事处罚侧重的是制裁功能，教育是为了更好地制裁犯罪，即使教育的目的客观地达到，法律也不应允许法官免除罪犯的刑事责任。（3）权力性质的归属不同。行政处罚遵循行政权运作的规则和程序，追求行政权的价值准则。刑事处罚遵循司法权运作的规则，严格按照刑事诉讼程序追究行为人的责任，它所追求的是司法权的价值目标。（4）责任承受的主体不同。行政处罚与刑事处罚虽然都是由违法行为人承受，但二者的承受主体仍有不同。行政处罚的承受主体是行政管理相对人，包括公民、法人和其他组织。刑事处罚的承受主体一般只是公民个人，法人能否成为刑事处罚的承受主体尚有争议，即使可以也只是限于某些特定方面。（5）主观条件对责任的成立影响不同。在行政处罚中，行为人的主观过错相对处于次要地位，在一定程度上承认严格责任。而刑事处罚却推崇不处罚无意志行为之原则，凡是不能证明行为人主观上有过错的，就不能追究其刑事责任。（6）处罚种类的侧重点不同。行政处罚的种类侧重于财产罚和能力罚，人身罚极少。而刑事处罚由于是一切法律的最终制裁力量，其种类侧重于人身罚，财产罚和能力罚较少。

关联参见

《道路交通安全法》第 94 条、第 96 条、第 101 条；《治安管理处罚法》第 2 条；《刑法》第 13 条

第二章　行政处罚的种类和设定

第九条　【处罚的种类】行政处罚的种类：

（一）警告、通报批评；

（二）罚款、没收违法所得、没收非法财物；

（三）暂扣许可证件、降低资质等级、吊销许可证件；

（四）限制开展生产经营活动、责令停产停业、责令关闭、限制从业；

（五）行政拘留；

（六）法律、行政法规规定的其他行政处罚。

条文解读

处罚的种类 ➡ 2021 年本法修订时本条增加了通报批评、降低资质等级、责令关闭、限制开展生产经营活动、限制从业等行政处罚类型。将修订前《行政处罚法》中"暂扣或者吊销许可证、暂扣或者吊销执照"统一规定为"暂扣许可证件"以及"吊销许可证件"。

警告和通报批评属于申诫罚。

罚款、没收违法所得、没收非法财物属于传统财产罚。罚款是指行

政机关责令有违法行为的公民、法人和其他组织在一定期限内缴纳一定数量货币的处罚行为。罚款是实践中被广泛适用的行政处罚种类。没收违法所得与没收非法财物是指国家行政机关将违法所得与非法财物收归国有的行政处罚，具有强制性与无偿性的特征。较罚款而言，其惩戒程度更为严厉，在适用程序上要求也相对更为严格。

暂扣许可证件、降低资质等级、吊销许可证件属于资格罚，是指行政机关对有违法行为的公民、法人和其他组织，通过暂扣、吊销许可证件、降低资质等级的方式暂时剥夺或永久剥夺其从事生产或经营权利的行政处罚。暂扣许可证件、降低资质等级、吊销许可证件是较为严厉的行政处罚，只有法律和行政法规可以设定吊销营业执照的行政处罚，地方性法规无权设定此类处罚。

限制开展生产经营活动、责令停产停业、责令关闭、限制从业属于行为罚，是指行政机关对违反法律、法规的当事人，在一定期限内或者永久剥夺其从事某项生产经营活动权利的行政处罚。行为罚部分是本条修改的重点之一，与修订前的《行政处罚法》相比，本条新增了限制开展生产经营活动、责令关闭、限制从业三项内容。

行政拘留，是指有关行政机关对违反行政法律规范的公民，在短期内限制其人身自由的一种处罚。由于目前我国的行政拘留主要是治安拘留，因此行政拘留也称治安拘留。行政拘留不同于刑事拘留，前者是特定行政机关（公安机关）依据行政管理法律对违反行政法律规范的公民所实施的一种惩戒措施，而后者则是公安机关依据刑事诉讼法，对于应该逮捕的现行犯或重大犯罪嫌疑人实施的一种强制措施。另外，行政拘留的期限也不同于刑事拘留的期限。

至于法律、行政法规规定的其他行政处罚，这一规定主要有两个目的：一是现行法律、行政法规对行政处罚其他种类的规定仍然保留、有效；二是以后的法律、行政法规还可以在行政处罚法规定的处罚种类之外设定其他处罚种类。

04. 因国家重点工程建设征地导致现有厂区安全生产条件发生变化，在已自行采取停产停业措施的情形下，行政机关作出停产停业的行政处罚决定是否具有合法性和必要性？[①]

某翔化工有限公司（以下简称某翔化工公司）成立于 2000 年 3 月 23 日，持有《危险化学品经营许可证》。2019 年 1 月 11 日，某市应急局执法人员在原告处进行现场检查，指出原料存储、设备维护等八个方面存在安全问题，此后被告某市应急局责令原告限期整改，因某翔化工公司逾期未按要求整改，某市应急局依法对某翔化工公司不具备安全生产条件问题进行立案调查，并召开听证会听取某翔化工公司陈述、申辩后，经集体讨论，决定给予某翔化工公司责令停产停业整顿 5 天的行政处罚。某省应急厅复议维持了某市应急局作出的被诉处罚决定。某翔化工公司不服，诉至法院。

法院认为，本案的争议焦点为因国家重点工程建设征地导致现有厂区安全生产条件发生变化，在原告某翔化工公司已自行采取停产停业措施的情形下，某市应急局作出停产停业的行政处罚决定是否具有合法性和必要性。根据《行政处罚法》规定，行政处罚是行政主体依法对违反行政管理秩序的行为人给予的一种行政制裁，其目的在于维护公共利益和社会秩序，保护公民、法人或者其他组织的合法权益。设定和实施行政处罚必须以事实为依据，与违法行为的事实、性质、情节以及社会危害程度相当。据此，行政机关在对相对人设定和实施行政处罚时，既要合法，同时也要考虑处罚的合理性和必要性。责令停产停业作为行政处罚的一个种类，是行政机关在法律授权的范围内，针对经营者存在严重的违法问题或不安全隐患，责令其停止生产经营活动，通过暂时剥夺其

[①] 参见《某翔化工有限公司与某省应急管理厅、某市应急管理局其他行政管理一案行政二审判决书》，案号：（2020）粤 71 行终 441 号，载中国裁判文书网，最后访问日期：2023 年 7 月 20 日。

生产经营权利，以督促经营者彻底消除不安全隐患，或认真完成教育整顿，当经营者在规定期限内纠正了违法行为，就可以恢复生产和经营。如果经营者针对自身实际情况，从确保安全生产出发，主动配合政府自行停止生产经营活动且不打算恢复生产的，行政机关经核实审查后，无需再对经营者作出责令停产停业的行政处罚，而应选择对经营者损害最小的其他行政措施，及时消除不安全隐患，确保安全生产。原告自2003年起从事危化品生产经营，各类证照齐全，多年来未曾发生安全事故。2017年广中江高速公路中山南头镇段建设项目横跨厂区，原告最近的生产场所与之相距不足200米的安全距离，违反《公路安全保护条例》第18条"禁止在公路渡口和中型以上公路桥梁周围200米范围内设立生产、储存、销售易燃、易爆、剧毒、放射性等危险物品的场所、设施"的规定。因国家重点工程项目建设施工，原生产场所已不具备安全生产条件，自2017年7月起原告自行采取逐步停产停业措施，清除残留化工品，在力所能及的范围内做好风险的防控和整治工作，消除危化品的安全隐患，其行为具有正当性。在此情况下，某市应急局作出被诉处罚决定，责令原告停产停业进行整改，没有违法事实基础，不具有合理性和必要性，根据前述法律规定予以撤销，某省应急厅作出维持被诉处罚决定的被诉复议决定错误，亦应一并予以撤销。

05. 责令改正或限期改正违法行为是否属于行政处罚？[①]

在1998年2月至2007年10月25日期间，王某和与山东某狮啤酒有限公司（以下简称某狮公司）存在事实劳动关系。2007年10月26日，某狮公司与王某和又签订劳动合同，合同期限为3年（合同上写明自2007年10月26日起，至2010年10月25日止）。2008年7月31日，王某和向人民法院提出民事诉讼，要求解除其与某狮公司之间的劳动合同。在王某和与某狮公司劳动关系存续期间，某狮公司未给王某和设立

① 参见《某市人民政府、王某和再审审查与审判监督行政裁定书》，案号：（2018）最高法行申4718号，载中国裁判文书网，最后访问日期：2023年7月20日。

公积金账户。市住房公积金管理中心在接到王某和投诉后，于2015年8月17日立案调查，于同月28日作出涉案责令限期整改通知书。该通知书认定某狮公司未按《住房公积金管理条例》第15条、第17条、第37条的规定为王某和设立住房公积金，要求某狮公司在收到通知书后5日内为王某和办理住房公积金设立手续。某狮公司不服该通知，于2016年2月18日向市政府申请行政复议。市政府于2016年5月16日作出被诉复议决定，认定某狮公司在其与王某和存在事实劳动关系期间，未依法为王某和办理住房公积金账户设立手续，违反了《住房公积金管理条例》第15条第1款的规定。因该违法行为在2年内未被发现，依据《行政处罚法》第36条的规定，不应对某狮公司给予行政处罚，于是撤销了市住房公积金管理中心作出的涉案责令限期整改通知书具体行政行为。王某和不服被诉复议决定，请求法院依法撤销被诉复议决定。

最高人民法院认为，本案争议的焦点为市住房公积金管理中心作出的责令某狮公司限期改正这一行政行为是否属于行政处罚，即责令改正或限期改正违法行为是否属于行政处罚的问题。首先，责令改正（或者限期改正）与行政处罚概念有别。行政处罚是行政主体对违反行政管理秩序的行为依法定程序所给予的法律制裁；而责令改正或限期改正违法行为是指行政机关在实施行政处罚的过程中对违法行为人发出的一种作为命令。其次，两者性质、内容不同。行政处罚是法律制裁，是对违法行为人的人身自由、财产权利的限制和剥夺，是对违法行为人精神和声誉造成损害的惩戒；而责令改正或者限期改正违法行为，其本身并不是制裁，只是要求违法行为人履行法定义务，停止违法行为，消除不良后果，恢复原状。再次，两者的规制角度不同。行政处罚是从惩戒的角度，对行政相对人科处新的义务，以告诫违法行为人不得再违法，否则将受罚；而责令改正或者限期改正违法行为则是命令违法行为人履行既有的法定义务，纠正违法，恢复原状。最后，两者形式不同。《行政处罚法》规定了行政处罚的具体种类，具体有警告、罚款、没收违法所得、责令停产停业、行政拘留等；而责令改正或者限期改正违法行为，因各种具体违法行为不同而分别表现为停止违法行为、责令退还、责令赔偿、责令改正、限期拆除等形式。综上，责令改正或限期改正违法行为是与行政处罚不同的一种行政行为，在本案中二审法院认为其不属于行政处罚，并无不当。

关联参见

《个人信息保护法》第66条；《治安管理处罚法》第10条；《道路交通安全法》第88条、第89条

第十条　【法律对处罚的设定】 法律可以设定各种行政处罚。限制人身自由的行政处罚，只能由法律设定。

条文解读

法律设定的行政处罚 ➡ 这里的"法律"是全国人大及其常委会制定的法律规范，在我国法律体系中，其效力仅次于宪法。政治生活、经济生活、文化生活和社会生活等方面的基本关系应当由法律来调整，普遍确立公民的权利和义务以及涉及公民基本权利和义务的有关事项，应当由法律来规范。这是维护社会主义法制统一的基本要求。行政处罚是一项重要的国家权力，与公民、法人和其他组织的合法权益关系密切，一方面，设定行政处罚必须有严格的限制，以维护行政处罚的统一与权威；另一方面，社会的复杂与多变又要求法律设定适应实际需要的行政处罚形式。这就是规范行政处罚种类与本条规定的对立统一。需要指出，法律不仅可以设定《行政处罚法》第9条规定的各种行政处罚，也可以规定其他种类的行政处罚。另外，由于限制人身自由的行政处罚包括行政拘留和其他人身罚，均涉及公民的人身自由权利，应当而且只能由法律来设定，这是我国宪法和有关基本法律制度所要求的。其他法律规范，包括行政法规、地方性法规和规章均不得设定限制人身自由的行政处罚。

关联参见

《立法法》第 10—14 条

第十一条　【行政法规对处罚的设定】行政法规可以设定除限制人身自由以外的行政处罚。

法律对违法行为已经作出行政处罚规定，行政法规需要作出具体规定的，必须在法律规定的给予行政处罚的行为、种类和幅度的范围内规定。

法律对违法行为未作出行政处罚规定，行政法规为实施法律，可以补充设定行政处罚。拟补充设定行政处罚的，应当通过听证会、论证会等形式广泛听取意见，并向制定机关作出书面说明。行政法规报送备案时，应当说明补充设定行政处罚的情况。

条文解读

行政法规设定的行政处罚 ➡ 行政法规是国务院按照立法程序制定的法律规范，其效力仅次于宪法、法律。行政法规的行政处罚设定权的特点是：一方面，行政法规设定行政处罚比宪法、法律以外的其他法律规范的权限要大；另一方面，它又受一定的限制，不仅不能设定限制人身自由的行政处罚，而且法律对违法行为已经作出行政处罚规定，行政法规需要作出具体规定的，必须在法律规定的给予行政处罚的行为、种类和幅度的范围内规定。可见，行政法规设定行政处罚受到两点限制：一是不能设定人身罚；二是法律已有规定的，不得超越法律的规定。除此之外，行政法规根据过罚相当的原则，可以设定其他任何形式的行政处罚。

行政法规的补充设定权 ➡ 2021 年修订新增本条第 3 款，即行政法规的补充设定权。"补充设定"即对于法律已有考虑但仍存在漏洞的情况，进行补充。补充设定权的行使，以"法律对违法行为未作出行政处罚规定"为前提，以实施法律为目的，以通过广泛听取意见并向制定机关作出书面说明为手段，以备案说明补充设定行政处罚的情况为补充。

关联参见

《立法法》第 12 条、第 72 条

第十二条 【地方性法规对处罚的设定】地方性法规可以设定除限制人身自由、吊销营业执照以外的行政处罚。

法律、行政法规对违法行为已经作出行政处罚规定，地方性法规需要作出具体规定的，必须在法律、行政法规规定的给予行政处罚的行为、种类和幅度的范围内规定。

法律、行政法规对违法行为未作出行政处罚规定，地方性法规为实施法律、行政法规，可以补充设定行政处罚。拟补充设定行政处罚的，应当通过听证会、论证会等形式广泛听取意见，并向制定机关作出书面说明。地方性法规报送备案时，应当说明补充设定行政处罚的情况。

条文解读

地方性法规设定的行政处罚 ◑ 地方性法规是指省、自治区、直辖市、设区的市的人民代表大会及其常务委员会制定的法律规范性文件。地方性法规设定的行政处罚种类有：警告、通报批评；罚款、没收违法所得、没收非法财物；暂扣许可证、降低资质等级、吊销许可证件（营业执照除外）；限制开展生产经营活动、责令停产停业、责令关闭、限制从业。同时，本条还规定，法律、行政法规对违法行为已经作出行政处罚规定的，地方性法规不得超越法律、行政法规规定的行政处罚行为、种类和幅度的范围规定行政处罚。这是地方性法规设定行政处罚时必须切实注意和把握的。这里的"不得超越"实质是"不抵触"的具体表现形式，具体是指法律、行政法规已经对应受行政处罚的行为作出明确规定的，地方性法规不得在此之外再增加新的应受行政处罚的行为；法律、行政法规已经对某一受行政处罚行为设定了处罚种类，地方性法规不得在此之外增加或者变相增加其他处罚种类；法律、行政法规对行政处罚的幅度已有明确规定，地方性法规只能在规定的行政处罚幅度内作出规定，而不能设定超过或者以其他方式改变处罚幅度的行政处罚。比如，法律规定对某一行为处以 1 万元以上 2 万元以下的罚款，地方性法规就不得超越这个幅度，规定处以 5000 元以上 2.5 万元以下的罚款。

地方性法规的补充设定权 ➡️ 2021 年修订新增本条第 3 款，即地方性法规的补充设定权。在法律和行政法规已有考虑但仍存在漏洞的情况下，地方性法规可以对于法律、行政法规进行补充。地方性法规补充设定权的行使，以法律、行政法规对违法行为未作出行政处罚规定为前提，以实施法律、行政法规为目的，以通过广泛听取意见并向制定机关作出书面说明为手段，以备案说明补充设定行政处罚的情况为补充。

案例指引

06. **行政机关能否在法律、行政法规并未对某行为设定行政处罚的情况下根据地方性法规对该行为作出行政处罚？**[①]

2014 年 5 月 15 日，原新泰市盐务局在执法检查过程中发现新泰市海纳盐业有限公司（以下简称海纳公司）涉嫌违规购进工业用盐。经调查，原新泰市盐务局认定该公司违规购进工业用盐 52 吨，违反了《山东省盐业管理条例》第 21 条"禁止任何单位和个人违反本条例规定擅自购进盐产品"的规定，故根据《山东省盐业管理条例》第 44 条

[①] 参见《最高人民法院发布产权保护行政诉讼典型案例》（2020 年 7 月 27 日发布），新泰市海纳盐业有限公司诉原新泰市盐务局行政处罚案，载最高人民法院网 https://www.court.gov.cn/zixun-xiangqing-244101.html，最后访问日期：2023 年 3 月 20 日。

之规定作出行政处罚决定，决定没收该公司工业盐 52 吨，罚款 58000 元。海纳公司不服，提起诉讼要求撤销该行政处罚决定。

山东省新泰市人民法院一审认为，海纳公司购买工业用盐的行为违反了《山东省盐业管理条例》第 21 条的规定，原新泰市盐务局依据《山东省盐业管理条例》有关规定作出的行政处罚决定并无不当，故判决驳回了该公司的诉讼请求。山东省泰安市中级人民法院二审维持一审判决。海纳公司不服，向山东省高级人民法院申请再审。

山东省高级人民法院经审理认为，地方性法规与法律、行政法规规定不一致的，应当根据法律和行政法规的规定判断被诉行政处罚决定是否正确。《行政处罚法》第 12 条第 2 款规定，法律、行政法规对违法行为已经作出行政处罚规定，地方性法规需要作出具体规定的，必须在法律、行政法规规定的给予行政处罚的行为、种类和幅度的范围内规定。结合《全国人民代表大会常务委员会法制工作委员会关于地方性法规对法律中没有规定的行政处罚行为可否作出补充规定问题的答复》的精神，对于该条款的正确理解应当是："第一，国家已经有法律、行政法规的，地方性法规可以结合本地情况予以具体化，但是必须在法律、行政法规规定给予行政处罚的行为、种类和幅度的范围内规定。第二，在国家尚未制定法律、行政法规的情况下，地方性法规可以设定除限制人身自由、吊销企业营业执照以外的行政处罚。"为加强盐业管理，《盐业管理条例》这一行政法规对违反该条例的行为设定了相应的行政处罚，但对盐业公司之外的其他企业购买经营工业用盐的行为没有设定行政处罚。本案中，原新泰市盐务局依据地方性法规对海纳公司购买工业用盐的行为作出行政处罚决定，超出了《盐业管理条例》规定的给予行政处罚行为的范围，遂判决予以撤销一、二审法院判决和被诉行政处罚决定。

盐资源作为关系国计民生的重要物资，盐业行政主管部门应当依法依规对相关生产、经营活动进行监管，深化"放管服"改革，满足市场和企业发展需求。《盐业管理条例》作为规范盐业管理领域的行政法规，对违反该条例的行为设定了相应的行政处罚，但对盐业公司之外的其他企业购买经营工业用盐的行为没有设定行政处罚，地方性法规不能对该行为设定行政处罚，盐业行政主管部门不能超出《盐业管理条例》规定的给予行政处罚行为的范围作出行政处罚决定。本案的典型意义在于，人民法院通过再审审查程序明确了设定行政处罚的权限，彰显了司法的监督纠错功能，保护了企业正常的生产经营权，有利于进一步激发市场活力，促进民营经济健康发展。

关联参见

《立法法》第 82 条

第十三条 **【国务院部门规章对处罚的设定】**国务院部门规章可以在法律、行政法规规定的给予行政处罚的行为、种类和幅度的范围内作出具体规定。

尚未制定法律、行政法规的，国务院部门规章对违反行政管理秩序的行为，可以设定警告、通报批评或者一定数额罚款的行政处罚。罚款的限额由国务院规定。

条文解读

国务院部门规章对处罚的设定 ➡ 国务院部门规章设定行政处罚可以分为两种情况：

第一，法律、行政法规规定了行政处罚，规章可以在法律、行政法规规定的给予行政处罚的行为、种类和幅度的范围内作出具体规定，这也是本条第 1 款的规定。但本条第 1 款并不是指规章可以设定一项新的行政处罚，而是指规章可以在上位法规定的范围内作出更为具体的规定。也就是说，如果上位法规定了对某一行为可以处以相应的处罚，那么规章可以根据这一行为的轻重情节，在处罚种类和幅度范围内作出更为具体、详细的规定，这是对于上位法规定的细化。

第二，法律、行政法规尚没有规定行政处罚的，规章可以对违反行政管理秩序的行为设定警告、通报批评或者一定数额罚款的处罚。规章设定行政处罚的行为范围并没有特别限制，本条规定的"违反行政管理秩序的行为"与本法第2条中行政处罚的定义内容相一致，也就是说，规章可以就所有类型的行为设定相应的处罚。

根据《行政诉讼法》规定，人民法院审理行政案件，以法律和行政法规、地方性法规为依据。地方性法规适用于本行政区域内发生的行政案件。人民法院审理行政案件，参照规章。《立法法》第106条第1款第2项规定，地方性法规与部门规章之间对同一事项的规定不一致，不能确定如何适用时，由国务院提出意见，国务院认为应当适用地方性法规的，应当决定在该地方适用地方性法规的规定；认为应当适用部门规章的，应当提请全国人民代表大会常务委员会裁决。根据上述规定，地方性法规与国务院部门规章对同一事项规定不一致，人民法院认为应当适用地方性法规的，可以适用地方性法规的规定；认为不能确定如何适用时，可以依照《立法法》第106条第1款第2项的规定办理。

关联参见

《立法法》第91条

第十四条　【地方政府规章对处罚的设定】地方政府规章可以在法律、法规规定的给予行政处罚的行为、种类和幅度的范围内作出具体规定。

尚未制定法律、法规的，地方政府规章对违反行政管理秩序的行为，可以设定警告、通报批评或者一定数额罚款的行政处罚。罚款的限额由省、自治区、直辖市人民代表大会常务委员会规定。

地方政府规章对处罚的设定 ➡ 地方政府规章有行政处罚规定权，但必须在上位法规定的"行为、种类和幅度"范围内。2021 年修订增加了地方政府规章可以设定通报批评的行政处罚。

罚款的限额，省、自治区、直辖市人民代表大会常务委员会规定不一。例如，广东省规定，尚未制定法律、行政法规或者地方性法规的，规章对违反行政管理秩序的行为，设定的罚款数额不得超过 20 万元；但对涉及公共安全、生态环境保护、历史文化保护、有限自然资源开发利用以及食品药品安全等直接关系人身健康、生命财产安全方面的违反行政管理秩序的行为，可以设定不超过 30 万元的罚款。再如，江西省规定，政府规章设定罚款限额按下列规定执行：（1）对公民违反行政管理秩序的行为，设定罚款不超过 500 元，但对直接关系人身健康、生命财产安全以及直接涉及国家安全、生态环境保护、历史文化保护、有限自然资源开发利用方面的违反行政管理秩序的行为，从事经营活动的，设定罚款不超过 5 万元；非经营活动的，设定罚款不超过 3 万元。（2）对法人或者其他组织违反行政管理秩序的行为，设定罚款不超过 3 万元，但对直接关系人身健康、生命财产安全以及直接涉及国家安全、生态环境保护、历史文化保护、有限自然资源开发利用方面的违反行政管理秩序的行为，从事经营活动的，设定罚款不超过 20 万元；非经营活动的，设定罚款不超过 10 万元。

关联参见

《立法法》第 93 条

第十五条 【对行政处罚定期评估】国务院部门和省、自治区、直辖市人民政府及其有关部门应当定期组织评估行政处罚的实施情况和必要性，对不适当的行政处罚事项及种类、罚款数额等，应当提出修改或者废止的建议。

对行政处罚定期评估 ➜ 本条为 2021 年修订时新增条款，设立了行政处罚立法后的评估机制。"立法后评估"是指"法律实施一定时间后对法律的功能作用、实施效果的评论估价和在此基础上对整个立法质量、价值的评论估价"。①

本条重在对行政处罚的实施过程进行跟踪评价，发现不恰当的行政处罚相关规定并及时修正。从修订后的《行政处罚法》第 10 条至第 14 条的规定来看，不仅法律、行政法规可以设定行政处罚，地方性法规、国务院部门规章、地方政府规章也均可以在一定范围内设定行政处罚，设定行政处罚的机关范围广，层级也各不相同。行政处罚会对公民、法人和其他组织的权益造成严重不利的影响，在设定行政处罚前需要对科学性、必要性、合理性作严密论证，在设定之后仍需要对实施过程中反映的问题加以收集、研判，对于其中不适当的规定应当通过法定程序予以修改或废止。因此，本条的规定对于完善行政处罚立法的整体制度、推动行政处罚立法更适应社会现实发展，无疑具有重要的意义，本条也弥补了之前法律规定的缺失。

关联参见

《立法法》第 67 条

第十六条 【其他规范性文件不得设定处罚】 除法律、法规、规章外，其他规范性文件不得设定行政处罚。

条文解读

其他规范性文件 ➜ 本条所指的其他规范性文件，主要包括：无法

---

① 孙晓东：《立法后评估的原理与应用》，中国政法大学出版社 2016 年版，第 5 页。

律或者地方性法规制定权的国家权力机关制定的规范性文件，无行政法规或者规章制定权的行政机关制定的具有普遍约束力的决定、命令，军事机关、审判机关、检察机关的规范性文件，社会团体、行业组织章程，政党的文件等。上述规范性文件因其性质不能设定公民、组织的义务，因此不得设定行政处罚。本条的规定，对纠正"罚随口出""自立章罚"等现象，具有积极作用。

需要指出的是，国家权力机关和行政机关制定的法律、法规或者规章以外的规范性文件，虽然不能设定行政处罚，但可以在上一层法律规范赋予的自由裁量权范围内，对行政处罚的种类、幅度作出具体的规定。

案例指引

07. **地方有关部门能否制定严于国家标准的相关燃料地方质量标准的行政规范性文件？**[①]

上海市质量技术监督局（以下简称上海市质监局）接举报，于2016年11月9日对原告上海中燃船舶燃料有限公司（以下简称上海中燃公司）位于上海市杨浦区军工路3500号经营场所进行执法检查。检查发现其5001、5003储油罐有库存待售的0号普通柴油。上海市质监局对5001、5003罐库存的0号普通柴油进行第一次抽样送检。2016年11月14日，上海市质监局接到上海市石油化工产品质量监督检验站通知，5001、5003罐内两个样品的部分指标不符合相关标准。上海市质监局遂对上海中燃公司5001、5003罐采取查封的行政强制措施，并对两罐内油品进行第二次抽样送检。2016年11月15日，上海市质监局收到上述检验站出具的第一次抽样检验报告，显示5001罐中0号普通柴油硫含量为68.4mg/kg，5003罐中0号普通柴油硫含量为318.1mg/kg。

---

① 参见《上海中燃船舶燃料有限公司诉上海市质量技术监督局行政处罚决定案》，载《最高人民法院公报》2020年第10期。

2016 年 11 月 21 日，上海市质监局收到上述检验站出具的第二次抽样检验报告显示，5001 罐中相关油品的硫含量为 68.6mg/kg，5003 罐中为 317.2mg/kg。上海市石油化工产品质量监督检验站出具的四份检验报告中，均载明检验依据是柴油国家标准的技术指标，判定依据为 110 号文。上海市质监局依据由上海市环境保护局等六部门联合发布的 110 号文，认定 5001、5003 罐中的 0 号普通柴油硫含量大于 50mg/kg，为不合格产品。上海市质监局分别于 2016 年 11 月 16 日、21 日向上海中燃公司告知两次抽样的检验结果，并于 2016 年 11 月 28 日对上海中燃公司销售不合格普通柴油的违法行为进行立案，上海中燃公司未提出复检申请。后上海中燃公司向上海市徐汇区人民法院提起诉讼。

上海市徐汇区人民法院一审判决驳回上海中燃公司的诉讼请求。一审宣判后，上海中燃公司不服，向上海市第三中级人民法院提起上诉。

上海市第三中级人民法院二审认为，上诉人上海中燃公司在上海市销售不符合 110 号文要求的案涉 0 号普通柴油的违法行为，应当给予相应的行政处罚，但就本案具体情况而言，案情具有一定的特殊性。由于 110 号文规定提前实施更为严格的油品标准，自 2016 年 4 月 1 日起在上海市全面停止供应、销售和使用硫含量大于 50mg/kg 的普通柴油已成必然，故从企业经营角度而言，上海中燃公司之前在上海市储存储备的普通柴油必须退出上海市市场，由此需要一定的时间及成本用于调整经营。故可从行政裁量上依法调整处罚的基数，进一步提升被诉处罚决定的适当性，以更好地体现坚持处罚与教育相结合的行政处罚原则。即对于被上诉人上海市质监局认定上海中燃公司自 2016 年 4 月至 6 月间 3 个月内共计销售案涉柴油 225 吨、货值金额 973850 元所作的行政处罚计 486925 元依法予以减除，被诉处罚决定的其他事项予以支持。有鉴于此，酌情变更被诉处罚决定的主文内容，原审判决亦应予以撤销。

第三章　行政处罚的实施机关

第十七条　**【处罚的实施】**行政处罚由具有行政处罚权的行政机关在法定职权范围内实施。

条文解读

处罚的实施机关 ➡ 行政处罚权原则上应当由行政机关来行使，非行政机关的组织实施某些处罚只能是补充、过渡性的。行政机关是依法行使国家职权，执行法律、法规，组织和管理国家行政事务的国家机关。其工作的实质是通过一系列的组织和管理活动将人民的意志、权力机关制定的法律付诸实现；其履行的职能纷繁多变，设置科学、权责明确、监督严格是行政机关存在的基本要求，协调和效率是行政机关运作的基础和最高准则；行政机关按层级设置，所有行政事务的决定权集中于行政首脑；行政机关站在行使国家权力的最前沿，其活动受权力机关和司法机关的双重监督。行政机关并非都具有行政处罚权。行政机关作为国家机关的一种，是由国家依法设立并代表国家依法行使行政权，掌管国家行政事务的机关，它们都具有法定的行政权力，但作为行政处罚主体的，只能是那些具有外部管理职能的行政机关。那些没有外部管理职能的内部行政机关，如机关事务管理部门、人事部门、决策咨询机构、内部协调机构等不能作为行政处罚的主体。

处罚的实施范围 ➡ 行政处罚主体必须在法定职权范围内实施行政处罚。具有行政处罚权的行政机关应当依法定职权行使行政处罚权。违反行政管理秩序的行为只能由主管行政机关依职权给予行政处罚，并非任何行政机关对任何违法行为都有权实施行政处罚。例如，行政拘留由于涉及公民的人身自由权，是一项专有的权力，只能由公安机关和法律规定的其他机关（如国家安全机关）行使，其他行政机关不得作为实施行政拘留的处罚主体。

08. 作为工程发包方的企业项目部能否作出行政处罚？[①]

李某山与某彩虹公司于 2021 年 3 月 15 日签订《基础施工合同》，合同约定由李某山完成桥梁基础灌注桩施工工作。李某山于 2021 年 3 月 25 日进场开工。至 2021 年 8 月 30 日，某彩虹公司对李某山作业部分进行验工并计价。经过双方计价结算，该工程总造价为不含税款 1420100 元，某彩虹公司向李某山已支付人工费 951000 元，截至案件一审时，某彩虹公司尚欠李某山 469100 元工程款未支付。某彩虹公司与李某山签订的施工合同案涉工程发包人系某交通建设公司，承包人系某电建路桥集团公司与某交科集团公司。某电建路桥集团公司承包该工程后，交由其集团下属分部水电六局项目部，水电六局项目部与某彩虹公司签订施工合同，将该工程转包给某彩虹公司，某彩虹公司将案涉工程桥梁基础灌注桩施工部分分包给李某山，李某山系桥梁基础灌注桩工程的实际施工人。

本案在一审审理过程中，李某山在中国人民财产保险股份有限公司喀什地区分公司购买诉讼保全责任保险，产生保险费 1521.35 元。一审法院认为，依据《最高人民法院关于审理建设工程施工合同纠纷案件适用法律问题的解释（一）》第 1 条第 2 款规定，某彩虹公司与李某山签订的《基础施工合同》属无效合同。李某山、某彩虹公司之间施工合同虽然无效，李某山作为实际施工人，其已完成工程并经竣工验收合格，且双方已经就工程价款进行了结算，现某彩虹公司也认可尚剩余 469100 元工程款未向李某山支付，故对李某山请求某彩虹公司支付剩余 469100 元工程款的请求一审法院予以支持。某彩虹公司不服一审判决，提出上诉。

二审法院认为：（1）关于合同履行过程中，李某山是否存在合同违

---

① 参见《某彩虹公司、李某山建设工程施工合同纠纷民事二审民事判决书》，案号：（2022）新 30 民终 135 号，载中国裁判文书网，最后访问日期：2023 年 7 月 20 日。

约的问题。《最高人民法院关于审理建设工程施工合同纠纷案件适用法律问题的解释（一）》第1条规定："建设工程施工合同具有下列情形之一的，应当依据民法典第一百五十三条第一款的规定，认定无效：（一）承包人未取得建筑业企业资质或者超越资质等级的；……"《民法典》第153条规定，违反法律、行政法规的强制性规定的民事法律行为无效。从上述法律及司法解释条文可以看出，自然人从事建筑行业施工，必须取得建筑业企业资质，否则，即使合同系当事人自愿签订，因主体资格不合法，合同当然无效。本案中，某彩虹公司与李某山签订的施工合同，虽系双方当事人自愿签订，但因李某山未取得行政主管部门审批同意从事该行业的行政许可并到工商行政管理部门办理成立个体劳务公司的经营资质，故一审法院确认某彩虹公司与李某山签订的承包合同为无效合同，符合法律规定，本院予以确认。（2）关于某彩虹公司提出其公司因李某山擅自停工，造成工期延误，被水电六局项目部处罚的问题。《行政处罚法》第17条规定，行政处罚由具有行政处罚权的行政机关在法定职权范围内实施。本案中，水电六局项目部与某彩虹公司系分包法律关系，水电六局项目部作为工程发包方，不具备行政机关属性，其出具的处罚通知不具有合法性。某彩虹公司以此为由作为拒付剩余劳务费的理由，没有法律依据，本院不予支持。（3）关于某彩虹公司主张双方签订合同时约定，如工程款拨付不到位由双方共同筹措资金保证施工，因该约定违反了《政府投资条例》第22条"政府投资项目不得由施工单位垫资建设"的强制性规定，故其上诉理由，本院不予采纳。

《治安管理处罚法》第7条；《道路交通安全法》第5条；《矿产资源法》第39—42条、第44条

第十八条　【处罚的权限】国家在城市管理、市场监管、生态

环境、文化市场、交通运输、应急管理、农业等领域推行建立综合行政执法制度，相对集中行政处罚权。

国务院或者省、自治区、直辖市人民政府可以决定一个行政机关行使有关行政机关的行政处罚权。

限制人身自由的行政处罚权只能由公安机关和法律规定的其他机关行使。

条文解读

相对集中行政处罚权 ➡ 原则上，行政处罚由具有行政处罚权的行政机关在法定职权范围内实施，但是在一定条件下，一个行政机关可以行使有关行政机关的行政处罚权，这就是行政处罚权的调配制度。行政处罚权的合理调配，有利于提高行政处罚的工作效率。按照本条的规定，行政处罚权的集中调配应该符合以下条件：一是行政处罚权的集中调配只能由国务院或者省、自治区、直辖市人民政府决定，其他任何组织和个人均不得调配行政处罚权；二是一个行政机关行使另一个行政机关的行政处罚权，这两个行政机关之间职权相互接近或者具有相互关联性；三是限制人身自由的行政处罚权只能由公安机关和法律规定的其他机关行使。

根据中共中央办公厅、国务院办公厅《关于深化市场监管综合行政执法改革的指导意见》《关于深化交通运输综合行政执法改革的指导意见》《关于深化生态环境保护综合行政执法改革的指导意见》等，综合行政执法的事项既有跨部门的，如生态综合执法，也有部门内部的，如农业综合执法。具体的执法事项目录由各部门印发，如《农业综合行政执法事项指导目录（2020 年版）》。

实务应用

03. 如何理解相对集中行政处罚权？

相对集中行政处罚权，是指一个行政机关行使有关行政机关的行政处罚权。我国行政处罚法确立相对集中行政处罚权的原则主要是针对行政处罚权分散规定的。行政处罚权相对集中原则的确立，是对我国现行行政执法体制的重大改革，有利于减少执法过程中的矛盾，提高执法人员的素质，符合政治体制改革的方向。

相对集中行政处罚权原则的一个例外，就是限制人身自由的行政处罚权只能由公安机关和法律规定的其他机关行使。限制人身自由的行政处罚，是一种最严厉的行政处罚，它涉及公民的人身自由权，法律对实施这种行政处罚的行政机关加以严格限制是必要的，更能体现行政处罚的权威性，更能体现对公民人身权利的保护。

案例指引

09. 交通运输监察支队作为市交通运输局的内设机构，能否以自己的名义作出行政处罚决定？[1]

2017 年 11 月 9 日，某市交通运输监察支队接到交警部门移交的某物流公司重型半挂货车，并对该公司涉嫌道路运输违法行为立案调查。某市交通运输监察支队安排两名有执法资格的工作人员进行了现场调查勘验，确定涉案车辆拉载的货物为一大型且不可解体货箱，车货总长度19.2 米，属于《超限运输车辆行驶公路管理规定》第 3 条、第 6 条规定的超限运输即大件运输车辆。同日，某市交通运输监察支队因某物流公司未取得大件（超限）运输经营许可，违反《道路货物运输及站场管理规定》第 18 条[2]规定，向该公司下达责令改正通知，并对涉案车辆进行了证据保全登记。2017 年 11 月 16 日，某市交通运输监察支队将拟处罚决定的内容告知某物流公司，并交代了陈述、申辩和要求听证的权利，某物流公司明确表示放弃上述权利。2017 年 11 月 17 日，某市交通运输监察支队认定某物流公司超越许可事项从事道路货物运输经营，

---

[1] 参见《明生公司诉某市交通运输监察支队行政处罚纠纷案》，载《人民司法》2019年第 29 期。

[2] 现为第 20 条——编者注，下同。

违反了《道路货物运输及站场管理规定》第18条规定，但没有违法所得，属于初犯，违法情节轻微且及时纠正，应当减轻处罚。某市交通运输监察支队按照《道路货物运输及站场管理规定》第56条①第3项、《山东省交通运输行政处罚自由裁量权执行标准》的规定，决定对某物流公司罚款2万元。

某物流公司于2017年11月17日收到处罚决定，并足额缴纳了罚款。同日，某市交通运输监察支队解除登记保全措施，并将涉案车辆发还某物流公司。2018年3月6日，某物流公司以被诉行政处罚决定超越法定职权等为由，向人民法院提起行政诉讼。

一审法院经审理，判决驳回某物流公司的诉讼请求。某物流公司不服一审判决，向济南市中级人民法院提起上诉。

二审法院经审理认为：（1）《山东省道路运输条例》规定，县级以上地方人民政府交通主管部门负责组织领导本行政区域的道路运输管理工作。县级以上道路运输管理机构负责具体实施道路运输管理工作。上述条例授权县级以上道路运输机构具体负责实施道路运输管理工作。鉴于现实中道路运输机构多头执法问题非常突出，山东省政府决定成立交通运输监察机构，集中行使相关道路运输管理机构的公路运输稽查职权及相应的行政处罚权。（2）某市交通运输监察支队是根据山东省政府的决定成立的相对集中行使公路运输行政处罚权的机构，有权集中行使济南市区范围内相关道路运输机构的公路运输行政处罚权。《山东省道路运输条例》授权县级以上政府交通运输主管部门所属的交通运输监察机构具体实施道路运输管理工作，某市交通运输监察支队作为市级政府交通运输主管部门所属交通运输监察机构，根据上述地方性法规的授权，有权对公路运输经营中的违法行为进行查处，并以自己的名义作出被诉行政处罚决定。二审法院判决驳回某物流公司的上诉。

---

① 现为第61条。

关联参见

《国务院办公厅关于继续做好相对集中行政处罚权试点工作的通知》;《国务院关于进一步推进相对集中行政处罚权工作的决定》

第十九条 **【授权实施处罚】**法律、法规授权的具有管理公共事务职能的组织可以在法定授权范围内实施行政处罚。

条文解读

法律、法规授权 ➡ "法律、法规授权"中的"授权"是指特定的国家机关以法律、法规的形式把某些行政权力授予非行政机关的组织行使,从而使该组织取得了行政管理的主体资格,即在法定授权范围内可以以自己的名义独立地行使权力,独立地承担因行使这些权力而引起的法律后果。

有效授权成立的条件:合法的授权主体、适宜授予的权力加上合法的授权方式构成有效授权成立的条件。

(1)从授权主体上来说,授权主体必须是特定的国家机关,任何个人都不能作为授权主体。因为正如前文所述,授权是一项公权力,其主体只能是机关而不是个人,而且也不是任何一个机关都可以作为授权主体。根据《行政处罚法》的规定,下列机关可以成为授权主体:①全国人大及其常委会;②国务院;③省级地方人大及其常委会。当然,不同的授权主体各自的授权范围和授权内容是有明显区别的。

(2)从被授予的权力上来说,可以授权的主体并不意味着可以授予任何权力,被授予的权力应是共有权力而不是专有权力,共有权力是几个机关都可能享有的,具有可转让性,而专有权力只能归某一特定机关独自享有,具有专一性和不可转让性。就行政处罚而言,被授予的行政处罚权应具有可转让性,而且实施的行政处罚应具有程度较轻、影响较小等特点,行政拘留等限制人身自由以外的行政处罚可以授权组织在法定授权范围内实施。

（3）从授权的方式上来说，授权应当以公开、规范的方式进行。所谓公开，是指授权的内容、范围及被授权组织的地位、作用等必须公之于众，通过内部文件方式确定授权是无效的，对相对人不具有法律拘束力。所谓规范，是指授权的内容、范围及被授权组织的地位等事项应当具有相当稳定性和普遍适用性。根据《行政处罚法》的规定，授权非行政机关的组织实施行政处罚，必须以法律、行政法规或者地方性法规的方式进行，其他形式的授权是无效的。

实务应用

04. 被授权组织应当符合什么条件？

一般来讲，被授权组织应当与授权内容有某种联系。根据《行政处罚法》的规定和我国的实际情况，被授权组织应当具备下列条件：

（1）依法成立，并具有管理公共事务职能。具有管理公共事务职能，是指该组织承担着管理公共事务的责任，如医院、图书馆、火车站以及一些公用事业机构等，只承担管理本组织自身事务责任的，不能算是具有管理公共事务职能。

（2）具有熟悉有关法律、法规、规章和业务的工作人员。行政处罚是一项法制工作，具有较强的专业性，需要有熟悉法律、懂得业务的人员。

（3）具有相应的检查、鉴定等技术条件。这主要是指与承担处罚工作相应的技术条件，并非被授权组织接受授权的必需条件，实践中要视被授权的具体内容而定。

（4）能独立承担法律责任。这包括两层含义：一是对外能对自己的行为负责；二是对内能有效地管理从事处罚工作的人员，并接受上级机关的监督。这是对被授权组织行使行政处罚权的制约因素，具有保证行政处罚权合法、高效运作的作用。

第二十条 【委托实施处罚】行政机关依照法律、法规、规章的规定，可以在其法定权限内书面委托符合本法第二十一条规定条件的组织实施行政处罚。行政机关不得委托其他组织或者个人实施行政处罚。

委托书应当载明委托的具体事项、权限、期限等内容。委托行政机关和受委托组织应当将委托书向社会公布。

委托行政机关对受委托组织实施行政处罚的行为应当负责监督，并对该行为的后果承担法律责任。

受委托组织在委托范围内，以委托行政机关名义实施行政处罚；不得再委托其他组织或者个人实施行政处罚。

条文解读

行政处罚的委托 ➡ 行政处罚的委托，是指有行政处罚权的行政机关，依法将其部分行政处罚权委托给有关组织，由受委托的组织在委托的权限内以委托行政机关的名义实施行政处罚。行政处罚的委托是一种具有特殊性质的行政行为，其主要特征是：被委托者以委托行政机关的名义实施行政处罚，行为的法律后果由委托行政机关承受。

委托机关有如下义务：委托行政机关对受委托组织在委托权限内的行为的后果承担法律责任。委托行政机关应当对受委托的组织实施行政处罚的行为负责监督，包括对受委托组织作出的行为、行为的方式及后果等诸多方面的监督。

实务应用

05. 受委托实施行政处罚的组织应当履行什么义务？

（1）受委托组织必须以委托行政机关的名义实施行政处罚，以自己名义实施行政处罚是无效的，并应承担法律责任。

（2）受委托组织应当在委托权限内实施行政处罚，不得超越具体的权限范围。受委托组织可以实施什么种类的行政处罚以及适用条件都有明确的界限，受委托组织应在这个界限内活动，委托行政机关不对超越委托权限的行为负责。

（3）受委托组织不得再委托其他组织或者个人实施行政处罚。再委托是指被委托人把处罚权又转委托他人行使。行政处罚权能否再委托涉及处罚权是否具有双重转让性、受委托人能否成为委托权的主体。实际上，行政处罚权不具有双重转让性。对一次转让，法律也设定了相当严格的条件限制，而且委托权的主体要依法确定，受委托组织当然不能成为委托权的主体。

关联参见

《邮政行政处罚程序规定》；《旅游行政处罚办法》；《生态环境行政处罚办法》

第二十一条　【受托组织的条件】 受委托组织必须符合以下条件：

（一）依法成立并具有管理公共事务职能；

（二）有熟悉有关法律、法规、规章和业务并取得行政执法资格的工作人员；

（三）需要进行技术检查或者技术鉴定的，应当有条件组织进行相应的技术检查或者技术鉴定。

条文解读

2021年本法修订时进一步强调了受委托组织的执法工作人员须取得行政执法资格。行政执法资格是从事行政执法活动人员应当具备的基本要件，是从事行政执法活动的前提和基础。确立行政执法人员资格制度的目的是通过设立执法准入门槛，增强行政执法的严肃性，规范行政执法行为，提高执法水平和质量，达到依法行政的目的。

根据本条规定，受委托组织应当具备以下条件：

（1）依法成立的管理公共事务的事业组织是指依法予以登记、有办公地点并且承担着管理公共事务的事业单位，包括财政全额拨款、部分拨款和自收自支的事业单位。只管理本组织自身事务的，不能算是管理公共事务。依法成立的企业单位不能受委托实施行政处罚，因为企业是生产、经营组织，以营利为目的，委托企业实施行政处罚，容易导致企业利用行政处罚牟取不正当利益。

（2）具有熟悉有关法律、法规、规章和业务并取得行政执法资格的工作人员。行政处罚是一项法制工作，具有较强的专业性和法律上的要求，需要有熟悉法律、法规、规章并懂得相关业务的人员。这些人员不能是临时的，应当是正式的，以便于监督、管理。

（3）对违法行为需要进行技术检查或者技术鉴定，应当有条件组织进行相应的技术检查或者技术鉴定。这主要是指要具有与所承担的处罚工作相适应的技术条件，以保证实施专业性较强领域的行政处罚获得可靠的事实、证据。

关联参见

《民用航空行政处罚实施办法》第 11—18 条；《水行政处罚实施办法》第 6—9 条

第四章　行政处罚的管辖和适用

第二十二条　【地域管辖】行政处罚由违法行为发生地的行政机关管辖。法律、行政法规、部门规章另有规定的，从其规定。

条文解读

地域管辖 ➡ 行政处罚原则上由违法行为发生地的县级以上地方人民政府具有行政处罚权的行政机关管辖。这一规定包括三个方面的内容：第一，在地域管辖上，由违法行为发生地的行政机关管辖，充分体现了行政效率的原则。第二，在级别管辖上，以县级以上地方人民政府管辖为原则，充分体现了地方为主的思想。第三，在职权管辖上，由具有相应行政处罚权的行政机关管辖，充分体现了行政专业化的要求。

违法行为发生地是确定管辖的基本标准。行为人实施了行政违法行为，在其实施过程中任何一个阶段被发现，该地方都可以成为违法行为发生地。违法行为发生地可以包括违法行为实施地和违法行为结果地。制造、运输、销售假药涉及多个地方的，每个地方相应的行政机关都拥有地域管辖权。

实务应用

06. 管辖的例外情形包括哪些？

法律、行政法规对行政处罚管辖另有规定时，从其规定。行政处罚法在明确了绝大多数行政处罚管辖的同时，又遵从原则性和灵活性相结合的要求，允许法律和行政法规作出不同的规定。就目前的情况而言，这些不同的规定主要体现在以下方面：（1）由乡级人民政府管辖。乡级人民政府作为我国的基层政权，在实施行政管理活动时，经常会遇到某些情节轻微、影响较小的违法案件。对这些案件，法律、行政法规往往授权乡级人民政府直接处理。（2）由县级以上地方人民政府管辖。地方人民政府对于本行政区域内较为重大的案件，依照法律、行政法规的规定，有时也会直接实施管辖。（3）由县级以上人民政府工作部门设立的派出机构管辖。这类情况主要存在于海关、税务、市场监管等少数部门。（4）由国务院或者国务院工作部门管辖。这一般是针对案情特别重大或者影响国家利益的违法行为而言的。（5）由法律、行政法规规定的其他行政机关管辖。如行为人在海上实施违法行为，就可能规定由发现地的行政机关管辖；行为人住所地的行政机关管辖更为方便的，也可能规定由行为人住所地的行政机关管辖。

关联参见

《治安管理处罚法》第 91 条；《海关行政处罚实施条例》第 3 条、

第 4 条;《教育行政处罚暂行实施办法》第 5 条;《道路交通安全违法行为处理程序规定》第 4 条、第 5 条;《生态环境行政处罚办法》第 13—17 条;《安全生产违法行为行政处罚办法》第 6 条、第 10 条、第 11 条;《市场监督管理行政处罚程序暂行规定》第 7—17 条

第二十三条　【级别管辖】行政处罚由县级以上地方人民政府具有行政处罚权的行政机关管辖。法律、行政法规另有规定的,从其规定。

条文解读

级别管辖 ➔ 县级以上地方人民政府的部门拥有行政处罚权,这是基本规定。根据单行法,我国行政处罚权的实施主体配置面广,从国务院一直到乡镇政府,从国务院部门到县级政府部门甚至是县级政府部门的派出机构,都有行政处罚权。法律、行政法规明确赋予地方人民政府的职权,县级以上地方各级人大及其常委会、县级以上地方各级人民政府不得擅自改变。法律、行政法规笼统规定由地方各级人民政府或者县级以上地方各级人民政府行使的职权,中央已决定就有关领域的行政管理体制进行改革的,设区的市政府可以据此对市辖区政府的职权进行调整或者上收。

并不是所有的行政机关都"具有行政处罚权","具有行政处罚权"也必须按照法定权限和程序,由两名以上具有行政执法资格的执法人员执法。上级法律规范规定了职能管辖机关的,下级法律规范不能与其相抵触,不能改变这一规定。

关联参见

《反垄断法》第 13 条

第二十四条　【行政处罚权的承接】省、自治区、直辖市根据当地实际情况,可以决定将基层管理迫切需要的县级人民政府部门

的行政处罚权交由能够有效承接的乡镇人民政府、街道办事处行使，并定期组织评估。决定应当公布。

承接行政处罚权的乡镇人民政府、街道办事处应当加强执法能力建设，按照规定范围、依照法定程序实施行政处罚。

有关地方人民政府及其部门应当加强组织协调、业务指导、执法监督，建立健全行政处罚协调配合机制，完善评议、考核制度。

条文解读

2016 年，中共中央办公厅、国务院办公厅《关于深入推进经济发达镇行政管理体制改革的指导意见》提出，省（自治区、直辖市）政府可以将基层管理迫切需要且能够有效承接的一些县级管理权限包括行政处罚等赋予经济发达镇。2018 年，中共中央办公厅、国务院办公厅《关于推进基层整合审批服务执法力量的实施意见》提出，推进行政执法权限和力量向基层延伸和下沉，强化乡镇和街道的统一指挥和统筹协调职责。整合现有站所、分局执法力量和资源，组建统一的综合行政执法机构。

第二十五条 【共同管辖及指定管辖】两个以上行政机关都有管辖权的，由最先立案的行政机关管辖。

对管辖发生争议的，应当协商解决，协商不成的，报请共同的上一级行政机关指定管辖；也可以直接由共同的上一级行政机关指定管辖。

条文解读

指定管辖 ➡ 行政处罚的指定管辖是上级行政机关指定下一级行政机关对某一具体的违法行为行使处罚管辖权的活动。根据本条规定，行政处罚的指定管辖适用于对管辖发生争议的场合。所谓对管辖发生争议，是指两个或者两个以上的行政处罚主体在实施行政处罚时，发生相互推诿或者争夺管辖的现象。指定管辖还可以发生在因特殊原因而使管辖权不明的场合。特殊原因包括法律上的原因和事实上的原因。前者又分为两种：一是有管辖权的行政机关根据上级机关的决定被撤并，而承受其权利义务的机关尚未明确的；二是有管辖权的行政机关的全部执法人员都与当事人有利害关系而被决定回避。后者是一种客观上的原因，比如，某地发生重大突发事件，致使有管辖权的行政机关陷于瘫痪；又如，由于出现某种情况特别复杂的违法行为，导致无法确定有管辖权的行政机关。对由于特殊原因产生的管辖空白，一般由原因发生地或者违法行为发生地的地方人民政府或者其上一级人民政府指定管辖。

共同的上一级行政机关收到报请指定管辖的请示后，应当进行必要的审查后作出指定管辖决定书，并分别通知各具有管辖权的行政机关。为及时解决管辖权异议，尽快启动立案调查程序，上一级行政机关应当在合理的期限内作出指定管辖决定，如果有法律、法规、规章对此作出明确规定，应当按照该规定执行。例如，《市场监督管理行政处罚程序规定》第 16 条规定："报请上一级市场监督管理部门管辖或者指定管辖的，上一级市场监督管理部门应当在收到报送材料之日起七个工作日内确定案件的管辖部门。"

报请 ➡ 报请应当是正式的行政程序，既可以由其中一个行政机关逐级呈报，也可以由涉及管辖权争议的全部行政机关共同进行呈报。报请指定管辖不仅应当制作正式的请示文件，还应当附必要的说明材料或初步调查的证据材料，以供上级行政机关判断是否属于具有法定管辖权的行政机关之间发生的管辖权异议。

共同的上一级行政机关 ➡ 指定管辖的原则和法律基础是上下级行政关系。这里的"共同的上一级行政机关"，与共同上级行政机关不同，是指能够同时指挥、管理不同下级行政机关且最为直接的行政管理机关。《行政处罚法》作出这样的规定，一方面是考虑指定管辖的权威性，另一方面也不至于过度影响执法效率。发生管辖权争议的不同行政机关，如果是同级人民政府的不同工作部门，则共同上一级行政机关为同级人民政府；如果一个是同级人民政府的工作部门，一个是上级垂直管理部门，则要层报至上级垂直管理部门所属的人民政府指定管辖；如果是不同行政区域的同一性质的工作部门，则层报共同的上一级行政主管部门；如果是不同区域的县级以上人民政府，则由共同的上一级人民政府，直至国务院进行指定管辖。

关联参见

《生态环境行政处罚办法》第14条；《住房和城乡建设行政处罚程序规定》第6条；《市场监督管理行政处罚程序规定》第12—13条

第二十六条　【行政协助】 行政机关因实施行政处罚的需要，可以向有关机关提出协助请求。协助事项属于被请求机关职权范围内的，应当依法予以协助。

条文解读

行政协助 ▶ 行政协助是行政管理的常态，是指行政机关和法律、法规授权的具有管理公共事务职能的组织，因全面履行行政职责需要，向无隶属关系的行政机关请求协助，被请求机关依法提供协助的行为。

协助的原因通常包括：因法定原因，单独行使职权难以实现行政目标的；行使职权所必需的文书、资料等信息为被请求机关所掌握，自行收集难以获得的；等等。

协助事项不属于被请求机关职权范围内的，违反请求协助程序的，协助请求缺乏合法性依据的，被请求机关应当拒绝协助。由被请求机关以外的其他行政机关提供协助更具效能的，被请求行政机关提供协助将严重妨碍自身履行职权的，被请求机关可以拒绝协助。

关联参见

《自然资源行政处罚办法》第16条；《农业行政处罚程序规定》第19条

第二十七条 **【刑事责任优先】**违法行为涉嫌犯罪的，行政机关应当及时将案件移送司法机关，依法追究刑事责任。对依法不需要追究刑事责任或者免予刑事处罚，但应当给予行政处罚的，司法机关应当及时将案件移送有关行政机关。

行政处罚实施机关与司法机关之间应当加强协调配合，建立健全案件移送制度，加强证据材料移交、接收衔接，完善案件处理信息通报机制。

条文解读

行政处罚与刑事司法的衔接 ◎ 从行政处罚的实施过程看，行政处罚与行政机关、违法行为三位一体，不可分割。一旦违法行为超出法律规定的限度而触犯刑律，违法行为就转化为犯罪，原先针对单纯违法行为的行政调整机制也就不再适用。依照我国刑法和刑事诉讼法的规定，触犯刑律者应由司法机关给予刑事处罚。违法行为导致行政处罚，犯罪导致刑事处罚，清楚地表明社会危害性程度不同的行为与应当承担的法律责任必须是相互适应的，这也体现了法律责任理论上的过罚相当原则。根据这一原则，当违法行为构成犯罪，即在发生违反行政管理秩序同时又触犯刑律的情况时，就要解决行政机关与司法机关的移送管辖问题。

移送的第一种情形是行政机关向司法机关的移送。违法当事人的违法行为涉嫌犯罪是行政处罚案件由行政机关向司法机关移送的前提条件。若该违法行为不涉嫌犯罪，则不论其后果多么严重、情节多么恶劣，行政机关都不必把案件移送司法机关。第二种情形是司法机关向行政机关的移送。即司法机关审查发现对该违法行为依法不需要追究刑事责任或者免予刑事处罚，但应当给予行政处罚的，司法机关应当及时将案件移送有关行政机关。无论是哪一种情形下的移送，都必须遵循及时性的要求。

《刑事诉讼法》第3条第1款规定："对刑事案件的侦查、拘留、执行逮捕、预审，由公安机关负责。检察、批准逮捕、检察机关直接受理的案件的侦查、提起公诉，由人民检察院负责。审判由人民法院负责。除法律特别规定的以外，其他任何机关、团体和个人都无权行使这些权力。"这样，行政处罚案件的移送，实际上是依照三机关各自不同的司法管辖权限而将案件在行政机关和司法机关之间移送。

行政机关及司法机关在移送案件时应当全案移送，同时将所收集的证据材料全部移交。本条规定，行政处罚实施机关与司法机关之间应当加强协调配合，加强证据材料移交、接收衔接。对于行政执法程序中收集的相关证据能否在刑事程序中直接适用，根据《刑事诉讼法》及《公安机关办理刑事案件程序规定》，主要有直接适用和重新收集两种形式。在行政执法与刑事司法行刑衔接中，行政证据的合理高效使用制度还有待司法实践的进一步完善。

案例指引

10. 民营企业违规经营触犯刑法情节较轻且认罪认罚的，是否可以作出不起诉决定，仅给予行政处罚？[①]

无锡 F 警用器材公司虚开增值税专用发票案

（检例第 81 号）

关键词 单位认罪认罚 不起诉 移送行政处罚 合规经营

要旨

民营企业违规经营触犯刑法情节较轻，认罪认罚的，对单位和直接责任人员依法能不捕的不捕，能不诉的不诉。检察机关应当督促认罪认罚的民营企业合法规范经营。拟对企业作出不起诉处理的，可以通过公开听证听取意见。对被不起诉人（单位）需要给予行政处罚、处分或者需要没收其违法所得的，应当依法提出检察意见，移送有关主管机关处理。

相关规定

《中华人民共和国刑法》第三十七条、第二百零五条

《中华人民共和国刑事诉讼法》第十五条、第一百七十三条、第一百七十四条、第一百七十七条

《人民检察院刑事诉讼规则》第三百七十三条

最高人民法院、最高人民检察院、公安部、国家安全部、司法部《关于适用认罪认罚从宽制度的指导意见》

最高人民法院《关于虚开增值税专用发票定罪量刑标准有关问题的通知》第二条

基本案情

被不起诉单位，无锡F警用器材新技术有限公司（以下简称"F警用器材公司"），住所地江苏省无锡市。

被不起诉人乌某某，男，F警用器材公司董事长。

被不起诉人陈某某，女，F警用器材公司总监。

被不起诉人倪某，男，F警用器材公司采购员。

被不起诉人杜某某，女，无锡B科技有限公司法定代表人。

2015年12月间，乌某某、陈某某为了F警用器材公司少缴税款，商议在没有货物实际交易的情况下，从其他公司虚开增值税专用发票抵扣税款，并指使倪某通过公司供应商杜某某等人介绍，采用伪造合同、虚构交易、支付开票费等手段，从王某某（另案处理）实际控制的商贸公司、电子科技公司虚开增值税专用发票24份，税额计人民币377344.79元，后F警用器材公司从税务机关抵扣了税款。

乌某某、陈某某、倪某、杜某某分别于2018年11月22日、23日至公安机关投案，均如实供述犯罪事实。11月23日，公安机关对乌某某等四人依法取保候审。案发后，F警用器材公司补缴全部税款并缴纳滞纳金。2019年11月8日，无锡市公安局新吴分局以F警用器材公司及乌某某等人涉嫌虚开增值税专用发票罪移送检察机关审查起诉。检察机关经审查，综合案件情况拟作出不起诉处理，举行了公开听证。该公司及乌某某等人均自愿认罪认罚，在律师的见证下签署了《认罪认罚具结书》。2020年3月6日，无锡市新吴区人民检察院依据《中华人民共

和国刑事诉讼法》第一百七十七条第二款规定，对该公司及乌某某等四人作出不起诉决定，就没收被不起诉人违法所得及对被不起诉单位予以行政处罚向公安机关和税务机关分别提出检察意见。后公安机关对倪某、杜某某没收违法所得共计人民币45503元，税务机关对该公司处以行政罚款人民币466131.8元。

检察履职情况

1. 开展释法说理，促使被不起诉单位和被不起诉人认罪认罚。新吴区人民检察院受理案件后，向F警用器材公司及乌某某等四人送达《认罪认罚从宽制度告知书》，结合案情进行释法说理，并依法听取意见。乌某某等四人均表示认罪认罚，该公司提交了书面意见，表示对本案事实及罪名不持异议，愿意认罪认罚，请求检察机关从宽处理。

2. 了解企业状况，评估案件对企业生产经营的影响。检察机关为全面评估案件的处理对企业生产经营的影响，通过实地走访、调查，查明该公司成立于1997年，系科技创新型民营企业，无违法经营处罚记录，近三年销售额人民币7000余万元，纳税额人民币692万余元。该公司拥有数十项专利技术、计算机软件著作权和省级以上科学技术成果，曾参与制定10项公共安全行业标准，在业内有较好的技术创新影响力。审查起诉期间，公司参与研发的项目获某创新大赛金奖。

3. 提出检察建议，考察涉罪企业改进合规经营情况。该企业发案前有基本的经营管理制度，但公司治理制度尚不健全。在评估案件情况后，检察机关围绕如何推动企业合法规范经营提出具体的检察建议，督促涉罪企业健全完善公司管理制度。该公司根据检察机关建议，制定合规经营方案，修订公司规章制度，明确岗位职责，对员工开展合法合规管理培训，并努力完善公司治理结构。结合该企业上述改进情况，根据单位犯罪特点，在检察机关主持下，由单位诉讼代表人签字、企业盖章，在律师见证下签署《认罪认罚具结书》。

4. 举行公开听证，听取各方意见后作出不起诉决定，并提出检察意见。考虑到本案犯罪情节较轻且涉罪企业和直接责任人员认罪认罚，检察机关拟对涉罪企业及有关人员作出不起诉处理。为提升不起诉决定的公信力和公正性，新吴区人民检察院举行公开听证会，邀请侦查机关代表、人民监督员、特约检察员参加听证，通知涉罪企业法定代表人、犯罪嫌疑人、辩护人到场听证。经听取各方意见，新吴区人民检察院依法作出不起诉决定，同时依法向公安机关、税务机关提出行政处罚的检察意见。公安机关、税务机关对该公司作出相应行政处罚，并没收违法所得。

指导意义

1. 对犯罪情节较轻且认罪认罚的涉罪民营企业及其有关责任人员，应当依法从宽处理。检察机关办理涉罪民营企业刑事案件，应当充分考虑促进经济发展，促进职工就业，维护国家和社会公共利益的需要，积极做好涉罪企业及其有关责任人员的认罪认罚工作，促使涉罪企业退缴违法所得、赔偿损失、修复损害、挽回影响，从而将犯罪所造成的危害降到最低。对犯罪情节较轻且认罪认罚、积极整改的企业及其相关责任人员，符合不捕、不诉条件的，坚持能不捕的不捕，能不诉的不诉，符合判处缓刑条件的要提出适用缓刑的建议。

2. 把建章立制落实合法规范经营要求，作为悔罪表现和从宽处罚的考量因素。检察机关在办理企业涉罪案件过程中，通过对自愿认罪认罚的民营企业进行走访、调查，查明企业犯罪的诱发因素、制度漏洞、刑事风险等，提出检察建议。企业通过主动整改、建章立制落实合法规范经营要求体现悔罪表现。检察机关可以协助和督促企业执行，帮助企业增强风险意识，规范经营行为，有效预防犯罪并据此作为从宽处罚的考量因素。

3. 依法做好刑事不起诉与行政处罚、处分有效衔接。检察机关依法作出不起诉决定的案件，要执行好《中华人民共和国刑事诉讼法》第一百七十七条第三款的规定，对被不起诉人需要给予行政处罚、处分或者需要没收其违法所得的，应当提出检察意见，移送有关主管机关处理。有关主管机关应当将处理结果及时通知人民检察院。有关主管机关未及时通知处理结果的，人民检察院应当依法予以督促。

关联参见

《海关办理行政处罚案件程序规定》第 11 条；《证券期货违法行为行政处罚办法》第 29 条

第二十八条 【责令改正与责令退赔】行政机关实施行政处罚时，应当责令当事人改正或者限期改正违法行为。

当事人有违法所得，除依法应当退赔的外，应当予以没收。违法所得是指实施违法行为所取得的款项。法律、行政法规、部门规章对违法所得的计算另有规定的，从其规定。

条文解读

在执法实践中，关于违法所得的相关法律、行政法规及规章众多，对于违法所得也有不同的处理方式。比如，《食品安全法》规定直接没收违法所得，《保险法》规定没收违法所得与以违法所得为基数的罚款并处，《民办教育促进法》规定以退还为前提没收违法所得，《证券投资基金法》规定以违法所得作为罚款数额的依据，《财政违法行为处罚处分条例》规定限期退还违法所得等多种不同处理方式。本条第 2 款规定，"法律、行政法规、部门规章对违法所得的计算另有规定的，从其规定"，据此，本法对法律、行政法规及规章所规定的这些处理方式均予以认可。

实务应用

07. "责令改正"行为属于什么性质？

"责令改正"行为的性质，要结合《行政处罚法》的规定加以认识。在《行政处罚法》第 9 条关于行政处罚种类的规定中，尽管前 5 项列举的具体处罚未将"责令改正"行为明确包括在内，但依照第 6 项的规定，如果其他单行法律、行政法规把它作为一种行政处罚加以规定，就应当视为行政处罚。因此，"责令改正"行为是否构成行政处罚，取决于单行法律、行政法规的规定。凡单行法律、行政法规把"责令改正"行为明确规定为一种行政处罚方式的，它就是行政处罚；反之，就不是行政处罚。考虑到有些违法行为具有连续性，行政机关在处理这类违法行为时，可以在作出行政处罚决定前，先行责令当事人改正违法行为或者限期改正违法行为，以避免因采取制止措施不及时，给国家和人民的利益带来更大的甚至是无法弥补的损失。在行政机关采取制止措施后，当事人不按要求或者期限自行改正的，行政机关可以视其为新的违法行为，依法进行处罚。

第二十九条 **【一事不二罚】**对当事人的同一个违法行为，不得给予两次以上罚款的行政处罚。同一个违法行为违反多个法律规范应当给予罚款处罚的，按照罚款数额高的规定处罚。

条文解读

同一行为不得重复处罚 ➡ 本条规定含有两层意思：（1）对当事人的同一个违法行为，可能存在两次以上的行政处罚；（2）对当事人同一个违法行为需要给予两次以上行政处罚的，不允许给予两次以上的罚款处罚。应当指出，以下几种情况不受本条规定的限制：（1）行政机关作出的罚款处罚因为法定事由被撤销，但根据具体情况仍需要对违法行为进行处理的，行政机关依法重新作出罚款的处罚；（2）行政机关对违法行为同时适用了罚款和其他处罚，罚款执行后，其他处罚因为客观原因无法执行，于是行政机关依法将其他处罚变更为罚款；（3）行政机关作出罚款决定后，行为人有能力履行而拒不履行，行政机关依法提高原罚款数额。

实务应用

08. **如何理解"按照罚款数额高的规定处罚"？**

是不同行政机关分别履行行政程序，明确拟罚款的金额之后，互相协商比较，再作出一个数额较高的处罚，还是直接比较两种违法行为法律责任中罚款的幅度？实务中，出于行政效率和可操作性的考量，应当理解为后者为宜。例如，甲规范的罚款幅度是 5000 元到 1 万元，乙规范的处罚幅度是 1000 元到 5 万元，则应当按照乙规范的规定处罚。如此，也更符合本条后半句的语义。但是，乙规范所授权的行政机关在裁量罚款金额时，应当将甲规范的罚款幅度也纳入裁量要素予以考虑，一般不得低于甲规范的处罚幅度下限。

上述情形主要适用于同步启动的行政程序。如果适用甲规范的行政程序已经完成，行政机关不知道乙规范的存在，已经作出了罚款决定，则出于法秩序安定的考虑，没有必要把已作出的罚款决定撤销，再由适用乙规范的行政机关启动行政程序作出数额更高的罚款决定。换句话说，适用乙规范的行政机关应当受到本条第一句的拘束，而无适用本条第二句的空间。但是，适用乙规范的行政机关可以通过内部行政方式告知适用甲规范的行政机关。

案例指引

11. 在首次行政处罚后、违法状态仍长时间持续的情况下，能否以一事不二罚原则为由认定针对其后持续的违法行为作出的行政处罚缺乏依据？[①]

呼家楼大队于 2019 年 7 月 30 日作出《处罚决定书》，认定 2019 年 7 月 12 日 11 时 53 分，李某志在北土城东路育慧南路南口至北土城东路东口段处，实施机动车违反停车规定的违法行为，根据《道路交通安全法》的规定，决定给予 200 元的罚款；2019 年 7 月 17 日 9 时 52 分，李某志在北土城东路育慧南路南口至北土城东路东口段处，实施机动车违反停车规定的违法行为，根据《道路交通安全法》的规定，决定给予

---

① 参见《李某志与某区人民政府等二审行政判决书》，案号：（2020）京 03 行终 393 号，载中国裁判文书网，最后访问日期：2023 年 7 月 20 日。

200 元的罚款。根据《道路交通安全违法行为处理程序规定》第 48 条第 1 款规定，共处罚款 400 元。李某志不服，于 2019 年 8 月 1 日向区政府申请行政复议。区政府于 2019 年 10 月 30 日作出《复议决定书》，根据《行政复议法》的规定，决定维持呼家楼大队作出的《处罚决定书》。李某志诉至法院，请求法院判决：（1）撤销呼家楼大队作出的《处罚决定书》；（2）撤销区政府作出的《复议决定书》。

一审法院认为，呼家楼大队作出的被诉《处罚决定书》合法，本院予以支持；区政府收到李某志的复议申请后，在法定期限内履行了受理、通知被申请人、作出复议决定并送达等程序，其履行复议程序合法，本院亦予以支持；判决驳回李某志的全部诉讼请求。

李某志不服一审判决，提起上诉。二审法院认为，本案中，呼家楼大队已明确告知李某志对于非其辖区内的违法行为如无异议，该机关将一并处理。在李某志未提出异议的情况下，呼家楼大队对李某志实施的非其辖区内的交通违章行为作出罚款的行政处罚，系在法律、法规、规章赋予的职权范围内实施的行政行为且符合管辖规定。根据《行政复议法》的规定，区政府作为设立呼家楼大队的区交通支队的本级人民政府，具有接受李某志申请并开展行政复议工作的法定职责。《道路交通安全法》第 56 条第 1 款规定，机动车应当在规定地点停放。本案中，呼家楼大队提供的证据可以证实，李某志驾驶的小型汽车，在被诉处罚决定所载的相应时间和地点停放。该地点无施划的停车泊位且非停车场，李某志的停车行为不符合前述停车管理的规定，应予处罚。《道路交通安全法》第 90 条规定，机动车驾驶人违反道路交通安全法律、法规关于道路通行规定的，处警告或者 20 元以上 200 元以下罚款。第 93 条第 2 款规定："机动车驾驶人不在现场或者虽在现场但拒绝立即驶离，妨碍其他车辆、行人通行的，处二十元以上二百元以下罚款……"据此，呼家楼大队对李某志实施的违反停车规定停放车辆的违法行为分别处 200 元罚款的处罚，符合法律规定的处罚种类和幅度。关于李某志所持被诉处罚违反《行政处罚法》第 29 条规定，是无法律规则依据的错误认定之主张，本院认为，一事不二罚原则的理论基础主要是保护人格尊严，遵从比例原则、法安定性原则、诚实信用原则以及信赖保护原则。然而，行政处罚除制裁违法外，同时强调预防和矫正违法的追求。本案中，一审法院认为被诉行政处罚并未违反"一事不二罚"原则及法律规定，并无不当。综上所述，一审法院判决驳回李某志的全部诉讼请求并无不当，二审法院予以维持。

关联参见

《国家外汇管理局行政处罚办法》第 16 条

第三十条 **【未成年人处罚的限制】**不满十四周岁的未成年人有违法行为的，不予行政处罚，责令监护人加以管教；已满十四周岁不满十八周岁的未成年人有违法行为的，应当从轻或者减轻行政处罚。

条文解读

2021 年修订后的《行政处罚法》的附则部分没有对"以上""以下""不满"等用语进行定义，因此对"已满"和"不满"的理解应当遵循语义解释的一般规则。《民法典》第 13 条规定"自然人从出生时起到死亡时止"。第 17 条规定："十八周岁以上的自然人为成年人。不满十八周岁的自然人为未成年人。"因此，自然人在 14 周岁生日当天实施违法行为的，不能适用"不予行政处罚"的规定；自然人在 18 周岁生日当天实施违法行为的，不能适用"应当从轻或者减轻行政处罚"的规定。

针对已满 14 周岁不满 18 周岁的未成年人实施的违法行为，本条在从轻或者减轻行政处罚之前增加了"应当"二字。从立法技术角度，这一规定更加规范。本条适用时需要注意："应当"二字既修饰"从轻或者减轻行政处罚"，即相对于成年人实施相同违法行为的处罚，应当从轻或者减轻；同时，"应当"也修饰"行政处罚"，即相对于不满 14 周岁的未成年人，已满 14 周岁不满 18 周岁的未成年人实施违法行为的，不能不予处罚。

未成年人处罚的限制 ➡ 行为人不满 14 周岁的，不负法律责任，行政机关也不得给予任何行政处罚，但可以责令监护人加以管教。这里所说的监护人，根据我国《民法典》的规定，主要是指未成年人的父母，父母已经死亡的或者没有监护能力的，未成年人的祖父母、外祖父母、兄姐可以作为监护人。法律规定对于有违法行为的未成年人不予行政处罚，并不意味着放任不管，任其违法。实践中，除责令监护人加以管教，以防再犯外，行政机关还可以根据具体情况，对该未成年人予以训诫，以培养其法治观念，促进其遵纪守法的自觉性。

行为人已满 14 周岁不满 18 周岁的，应负法律责任，但同时应从轻或者减轻行政处罚。按照通常情况，年龄在 14 周岁至 18 周岁之间的人，已基本具备与成年人相当的智力和判断力，因此在其有违法行为时，应当负法律责任。但是，这些人又是未成年人，与成年人毕竟有一定差别。国家从保护未成年人身心健康的角度出发，对这一年龄段的人一贯采取教育为主、惩罚为辅的方针。具体来说，就是对处于这一年龄段的未成年人有违法行为的，应当根据违法行为的性质从轻或者减轻处罚。

实务应用

09. 确定责任年龄应当注意什么?

按照本条规定确定行政处罚的责任年龄，需要注意两点：（1）应当以实足年龄计算。这一点在注重虚岁的农村地区尤其要特别注意。在具体计算方法上，可参照刑法的有关规定，以日为计算标准，即只有分别过了 14 周岁、18 周岁生日，从第 2 天开始，才能认为已满 14 岁、18岁。如甲 1982 年 10 月 5 日出生，至 1996 年 10 月 6 日方可被认为已满 14 岁，日期要一律以公历为准。（2）应当以未成年人实施违法行为时的年龄计算。实践中，有时会遇到未成年人在其相邻接的责任年龄期内，分别实施了几个违法行为的情况。对此，仍应按照本条规定处理，即凡是根据相应的责任年龄不负责任的违法行为，一律不予处罚；凡是根据相应的责任年龄只负部分责任的违法行为，一律从轻或者减轻处罚。

关联参见

《治安管理处罚法》第 12 条、第 21 条

第三十一条　【精神病人及限制性精神病人处罚的限制】 精神病人、智力残疾人在不能辨认或者不能控制自己行为时有违法行为的，不予行政处罚，但应当责令其监护人严加看管和治疗。间歇性精神病人在精神正常时有违法行为的，应当给予行政处罚。尚未完全丧失辨认或者控制自己行为能力的精神病人、智力残疾人有违法行为的，可以从轻或者减轻行政处罚。

条文解读

精神病人及限制性精神病人处罚的限制 ➡ 精神病人、智力残疾人不承担行政处罚责任的原因在于其不具备识别和避免风险发生的能力，不构成行政违法行为。精神病人、智力残疾人在不能辨认或者不能控制自己行为时有违法行为的，对于与违法行为相关的违禁品，有关行政机关可以依法予以收缴。

（1）精神病人、智力残疾人在不能辨认或者不能控制自己行为时有违法行为，不予行政处罚，但应当责令其监护人严加看管和治疗。根据这一规定，确定一个人无责任能力，必须同时具备两项条件：①行为人在实施危害社会的违法行为时患有某种真正的精神病。这是确认行为人无责任能力的医学标准。②行为人在行为时由于精神病而不能辨认或者控制自己的行为。这是确认行为人责任能力的心理学标准。实践中，为准确地确定当事人有无受罚能力，必须请精神病学专家对其进行鉴定，

绝不能轻信当事人或者其亲属提供的医疗证明，而且要特别警惕和防止不法之徒弄虚作假，使当事人逃脱法律制裁。

（2）间歇性精神病人在精神正常时有违法行为的，应当给予行政处罚。有些精神病人的精神病症状是间歇发作的，不发病时不仅没有精神病症状，其认知能力与控制能力都和正常人无异。因此，该精神病人在未发病期间从事违法行为的，也要与正常人一样负法律责任，并由行政机关给予行政处罚。

关联参见

《治安管理处罚法》第 13 条；《民法典》第 28 条、第 36 条

第三十二条　【从轻、减轻处罚的情形】当事人有下列情形之一，应当从轻或者减轻行政处罚：

（一）主动消除或者减轻违法行为危害后果的；

（二）受他人胁迫或者诱骗实施违法行为的；

（三）主动供述行政机关尚未掌握的违法行为的；

（四）配合行政机关查处违法行为有立功表现的；

（五）法律、法规、规章规定其他应当从轻或者减轻行政处罚的。

条文解读

从轻、减轻行政处罚 ➡ 根据本条规定，以下几种情形应当对当事人从轻或者减轻处罚：

（1）主动消除或者减轻违法后果的。后果在是否适用行政处罚方面并不具有决定性作用。但对于那些要求以一定后果为处罚前提的违法行为来说，当事人是否主动采取措施消除或者减轻违法后果，直接影响当事人主观危害性的大小，从而对适用行政处罚的具体幅度也有重要意义。根据本条规定，当事人主动消除或者减轻违法后果的，应当从轻或

者减轻处罚。

（2）受他人胁迫有违法行为的。在二人以上共同实施违法行为的场合，可能存在部分当事人不愿意或者不完全愿意参加违法活动，只是在他人的威逼、强制下才参加违法活动的情况。受他人胁迫有违法行为的人，一般处于被动地位，所起的作用较小，危害性也相应较轻。因此，应当从轻或者减轻处罚。

（3）主动供述行政机关尚未掌握的违法行为，既包括在行政机关尚未发现违法行为人之前主动向行政机关供述自己的违法行为，也包括在被行政机关调查后主动供述行政机关尚未掌握的自己的其他违法行为。如果供述的是行政机关尚未掌握的他人的违法行为则不属于这种情况，符合立功条件的，按照本条第4项处理。主动供述违法行为表现了违法行为人改恶向善的意愿，相对于负隅顽抗甚至故意编造谎言误导行政机关调查工作的违法行为人而言，更易于教育，适用较轻的行政处罚即可达到处罚的目的。应当注意的是，实践中有的违法行为人供述违法事实后，对自己的行为性质进行辩解，这种情况可以视为陈述或申辩，不影响供述情节的成立。

（4）配合行政机关查处违法行为有立功表现的。对于有违法行为的当事人适用行政处罚，既是为了纠正违法，也是为了教育当事人不再违法。当事人能够配合行政机关查处违法行为并有立功表现的，从一个方面反映其危害性的降低。根据具体情况，对配合查处违法行为有立功表现的当事人从轻或者减轻处罚，是十分必要的，也是适当的。

（5）其他依法应当从轻或者减轻行政处罚的。除上面提到的三种情形之外，《行政处罚法》第30条规定，已满14周岁不满18周岁的人有违法行为的，应当从轻或者减轻行政处罚。

实务应用

10. **如何区分"从轻处罚"和"减轻处罚"？**

从轻处罚，是指行政机关在法定的处罚方式和处罚幅度内，对有违法行为的当事人在数种处罚方式所允许的幅度内适用较低限的处罚。当然，从轻处罚并不是绝对要适用最轻的处罚方式和最低的处罚幅度，而是由行政机关在具体的违法案件中，根据法定或者酌定的从轻情节予以裁量。减轻处罚，是指行政机关对有违法行为的当事人在法定的处罚幅度最低限以下适用行政处罚。减轻处罚是对当事人科以低于法定最低限的处罚，那么减轻到何种程度为宜？减轻处罚不是毫无限制地减轻，必须有减轻处罚的情节，而且体现处罚相当的原则。在程度上，它应位于从轻处罚与免除处罚之间，而不得逾越这一范围，处罚减轻的程度不得达到免除处罚的程度。

案例指引

12. **未主动采取措施减轻或消除违法行为的危害后果，能否主张从轻或减轻行政处罚？**[①]

北海市乃志海洋科技有限公司诉北海市海洋与渔业局行政处罚案

（最高人民法院审判委员会讨论通过　2021年12月1日发布）

关键词　行政/行政处罚/非法围海、填海/海岸线保护/海洋生态环境/共同违法认定/从轻或者减轻行政处罚

裁判要点

1. 行为人未依法取得海域使用权，在海岸线向海一侧以平整场地及围堰护岸等方式，实施筑堤围割海域，将海域填成土地并形成有效岸线，改变海域自然属性的用海活动可以认定为构成非法围海、填海。

2. 同一海域内，行为人在无共同违法意思联络的情形下，先后各自以其独立的行为进行围海、填海，并造成不同损害后果的，不属于共同违法的情形。行政机关认定各行为人的上述行为已构成独立的行政违法行为，并对各行为人进行相互独立的行政处罚，人民法院应予支持。对于同一海域内先后存在两个以上相互独立的非法围海、填海行为，行

[①] 最高人民法院指导案例178号。

为人应各自承担相应的行政法律责任，在后的违法行为不因在先的违法行为适用从轻或者减轻行政处罚的有关规定。

相关法条

《中华人民共和国行政处罚法》（2021年1月22日修订）第32条（本案适用的是2017年9月1日修订的《中华人民共和国行政处罚法》第27条）

《中华人民共和国海域使用管理法》第42条

基本案情

北海市乃志海洋科技有限公司（以下简称乃志公司）诉称：其未实施围海、填海行为，实施该行为的主体是北海市渔沣海水养殖有限公司（以下简称渔沣公司）。即使认定其存在非法围海、填海行为，因其与渔沣公司在同一海域内实施了占用海域行为，应由所有实施违法行为的主体共同承担责任，对其从轻或减轻处罚。北海市海洋与渔业局（以下简称海洋渔业局）以乃志公司非法占用并实施围海、填海0.38公顷海域，作出缴纳海域使用金十五倍罚款的行政处罚，缺乏事实和法律依据，属于从重处罚，请求撤销该行政处罚决定。

海洋渔业局辩称：现场调查笔录及照片等证据证实乃志公司实施了围海造地的行为，其分别对乃志公司和渔沣公司的违法行为进行了查处，确定乃志公司缴纳罚款数额符合法律规定。

法院经审理查明：2013年6月1日，渔沣公司与北海市铁山港区兴港镇石头埠村小组签订《农村土地租赁合同》，约定石头埠村小组将位于石头埠村海边的空地租给渔沣公司管理使用，该地块位于石头埠村海边左邻避风港右靠北林码头，与海堤公路平齐，沿街边100米，沿海上进深145米，共21.78亩，作为海产品冷冻场地。合同涉及租用的海边空地实际位置在海岸线之外。同年7至9月间，渔沣公司雇请他人抽取海沙填到涉案海域，形成沙堆。2016年5月12日，乃志公司与渔沣公司签订《土地承包合同转让协议》，乃志公司取得渔沣公司在原合同中的权利。同年7月至9月间，乃志公司在未依法取得海域使用权的情况下，对其租赁的海边空地（实为海滩涂）利用机械和车辆从外运来泥土、建筑废料进行场地平整，建设临时码头，形成陆域，准备建设冷冻厂。

2017年10月，海洋渔业局对该围海、填海施工行为进行立案查处，测定乃志公司填占海域面积为0.38公顷。经听取乃志公司陈述申辩意见，召开听证会，并经两次会审，海洋渔业局作出北海渔处罚〔2017〕09号行政处罚决定书，对乃志公司作出行政处罚：责令退还非法占用海域，恢复海域原状，并处非法占用海域期间内该海域面积应缴纳海域使用金十五倍计人民币256.77万元的罚款。乃志公司不服，提起行政诉讼，请求撤销该行政处罚决定。

裁判结果

北海海事法院于2018年9月17日作出（2018）桂72行初2号行政判决，驳回原告乃志公司的诉讼请求。宣判后，乃志公司提出上诉。广西壮族自治区高级人民法院于2019年6月26日作出（2018）桂行终1163号行政判决：驳回上诉，维持原判。

裁判理由

法院生效裁判认为：乃志公司占用的海边空地在海岸线（天然岸线）之外向海一侧，实为海滩涂。其公司使用自有铲车、勾机等机械，从外运来泥土和建筑废料对渔沣公司吹填形成的沙堆进行平整、充实，形成临时码头，并在临时码头西南面新填了部分海域，建造了临时码头北面靠海一侧的沙袋围堰和护岸设施。上述平整填充场地以及围堰护岸等行为，导致海域自然属性改变，形成有效岸线，属于围海、填海行为。乃志公司未取得案涉0.38公顷海域的合法使用权，在该区域内进行围海、填海，构成非法围海、填海。

渔沣公司与乃志公司均在案涉海域进行了一定的围海、填海活动，但二者的违法行为具有可分性和独立性，并非共同违法行为。首先，渔沣公司与乃志公司既无共同违法的意思联络，亦非共同实施违法行为。从时间上分析，渔沣公司系于2013年7月至9月间雇请他人抽取海沙填到涉案海域，形成沙堆。而乃志公司系于2016年5月12日通过签订转让协议的方式取得渔沣公司在原合同中的权利，并于 2016 年 7 月至 9 月期间对涉案海域进行场地平整，建设临时码头，形成陆域。二者进行围海、填海活动的时间间隔较远，相互独立，并无彼此配合的情形。其次，渔沣公司与乃志公司的违法性质不同。渔沣公司仅是抽取海沙填入涉案海域，形成沙堆，其行为违法程度较轻。而乃志公司已对涉案海域进行了围堰和场地平整，并建设临时码头，形成了陆域，其行为违法情节更严重，性质更为恶劣。再次，渔沣公司与乃志公司的行为所造成的损害后果不同。渔沣公司的行为尚未完全改变涉案海域的海洋环境，而乃志公司对涉案海域进行围堰及场地平整，设立临时码头，形成了陆域，其行为已完全改变了涉案海域的海洋生态环境，构成了非法围海、填海，损害后果更为严重。海洋渔业局认定乃志公司与渔沣公司的违法行为相互独立并分别立案查处，有事实及法律依据，并无不当。乃志公司主张海洋渔业局存在选择性执法，以及渔沣公司应当与其共同承担责任的抗辩意见不能成立。

乃志公司被查处后并未主动采取措施减轻或消除其围海、填海造地的危害后果，不存在从轻或减轻处罚的情形，故乃志公司主张从轻或减轻行政处罚，缺乏法律依据。乃志公司平整和围填涉案海域，占填海域面积为 0.38 公顷，其行为改变了该海域的自然属性，形成陆域，对近海生态造成不利的影响。海洋渔业局依据海域使用管理法第四十二条规定的"处非法占用海域期间内该海域面积应缴纳的海域使用金十倍以上二十倍以下的罚款"，决定按十五倍处罚，未违反行政处罚法关于行政处罚适用的相关规定，符合中国海监总队《关于进一步规范海洋行政处罚裁量权行使的若干意见》对于行政处罚幅度中的一般处罚，并非从重处罚，作出罚款人民币 256.77 万元的处罚决定，认定事实清楚，适用法律并无不当。

关联参见

《治安管理处罚法》第 19 条、第 20 条；《安全生产违法行为行政处

罚办法》第 55 条、第 56 条；《国家外汇管理局行政处罚办法》第 19 条、第 20 条

第三十三条 **【不予行政处罚的条件】**违法行为轻微并及时改正，没有造成危害后果的，不予行政处罚。初次违法且危害后果轻微并及时改正的，可以不予行政处罚。

当事人有证据足以证明没有主观过错的，不予行政处罚。法律、行政法规另有规定的，从其规定。

对当事人的违法行为依法不予行政处罚的，行政机关应当对当事人进行教育。

条文解读

不予行政处罚 ➡ 不予行政处罚，是指行政主体依照法律、法规的规定，因为有法定事由存在，对本应给予处罚的违法行为人免除对其适用行政处罚。

初次违法 ➡ 初次违法，是指当事人第一次实施违法行为。如果当事人存在多次违法的情况，即便违法行为轻微、及时纠正且没有危害后果，行政机关一般也不能不予行政处罚。

关联参见

《治安管理处罚法》第 19 条；《公安机关办理行政案件程序规定》第 157 条、第 158 条；《海关办理行政处罚案件程序规定》第 56 条；《市场监督管理行政处罚程序规定》第 61 条

第三十四条 **【行政处罚裁量基准】**行政机关可以依法制定行政处罚裁量基准，规范行使行政处罚裁量权。行政处罚裁量基准应当向社会公布。

行政裁量 ➲ 行政裁量是行政主体在适用法律规范裁断个案时由于法律规范与案件事实之间的差异而享有的由类推法律要件、补充法律要件进而确定法律效果的自由，简言之，行政机关有事实裁量和效果裁量两类裁量权。

行政机关实施行政管理，应当遵循公平、公正的原则。要平等地对待行政管理相对人，不偏私、不歧视。行使自由裁量权应当符合法律目的，排除不相关因素的干扰；所采取的措施和手段应当必要、适当；行政机关实施行政管理可以采用多种方式实现行政目的的，应当避免采用损害当事人权益的方式。

关联参见

《国务院办公厅关于进一步规范行政裁量权基准制定和管理工作的意见》；《市场监管总局关于规范市场监督管理行政处罚裁量权的指导意见》；《规范住房和城乡建设部工程建设行政处罚裁量权实施办法》

第三十五条　【刑罚的折抵】 违法行为构成犯罪，人民法院判处拘役或者有期徒刑时，行政机关已经给予当事人行政拘留的，应当依法折抵相应刑期。

违法行为构成犯罪，人民法院判处罚金时，行政机关已经给予当事人罚款的，应当折抵相应罚金；行政机关尚未给予当事人罚款的，不再给予罚款。

条文解读

行政处罚案件实施过程中，违法行为构成犯罪的，应当中止行政处罚程序，根据《行政执法机关移送涉嫌犯罪案件的规定》等规定及时移送。

本条的目的是避免同一违法行为受到两次评价，这是广义的"一事不二罚"，或者是"禁止双重评价"。拘役、有期徒刑与行政拘留都属于人身自由方面的惩戒，折抵时可以一日折抵一日，罚款和罚金也可以直接折抵。

同一违法行为，如果同时触犯刑法和行政处罚规范，在某些情况下，可能会导致同时对同一当事人适用刑事处罚和行政处罚。这种现象，通常叫作刑事处罚与行政处罚的合并适用。在法律有明确规定时，刑事处罚与行政处罚的合并适用是合法的。

刑期的折抵 ➡ 违法行为构成犯罪，人民法院判处拘役或者有期徒刑时，行政机关已经给予当事人行政拘留的，应当依法折抵相应刑期。拘役和有期徒刑是我国刑法规定的两种主刑。拘役是短期剥夺犯罪分子的人身自由，就近实行劳动改造的刑罚方法，主要适用于罪行较轻，但又必须实行短期关押的犯罪分子。有期徒刑是剥夺犯罪分子一定期限的人身自由，并强制劳动改造的刑罚方法，它在我国刑罚体系中居于中心地位，适用的对象比较广泛。与拘役和有期徒刑相比，行政拘留虽然在具体期限、处罚性质、适用机关上有所不同，但由于都是剥夺人身自由的处罚，都具有很高的严厉程度，因此具有可折抵性。

罚金的折抵 ➡ 违法行为构成犯罪，人民法院判处罚金时，行政机关已经给予当事人罚款处罚的，应当折抵相应罚金。罚金是人民法院判处犯罪分子向国家缴纳一定数额金钱的刑罚方法。罚金作为一种财产刑，主要适用于经济犯罪和贪利性质的犯罪，同时也适用某些妨害社会管理秩序的犯罪。

关联参见

《刑法》第 52 条、第 53 条

第三十六条 【**处罚的时效**】违法行为在二年内未被发现的，不再给予行政处罚；涉及公民生命健康安全、金融安全且有危害后果的，上述期限延长至五年。法律另有规定的除外。

前款规定的期限，从违法行为发生之日起计算；违法行为有连续或者继续状态的，从行为终了之日起计算。

条文解读

处罚的时效 ➡ 一般情况下行政处罚的追诉时效，即违法行为在 2 年内未被发现的，不再给予行政处罚。根据这一规定，行政处罚主体对超出 2 年才发现的违法行为，除法律另有规定外，原则上不再进行追究。

时效的特别规定 ➡ 法律对行政处罚时效另有特别规定的，适用特别规定。法律对行政处罚时效问题作出的特别规定，主要有以下情况：（1）有的违法行为较其他行为轻微，但依法又不能完全免除行政处罚，为体现行政处罚的公正性，在确定追究时效方面不宜整齐划一，而应当通过单行法律有所例外，即根据具体情况采用较短的追究时效。（2）有的违法行为的危害性比较严重，单行法律采用较长的追究时效，以更好地震慑违法行为人。

违法行为有连续状态，是指当事人基于同一个违法故意，连续实施数个独立的行政违法行为，并触犯同一个行政处罚规定的情形。如在相隔不长的时间里多次贩卖盗版光碟，或者多次制造假酒等情况，就属于违法行为有连续状态。

违法行为有继续状态，是指行为人的一个违法行为实施后，该行为及其造成的不法状态处于不间断持续的状态。如违规搭建棚屋或其他建筑物、开设地下赌场等。

本条规定的发现违法违纪行为的主体是处罚机关或有权处罚的机关，公安、检察、法院、纪检监察和司法行政机关都是行使社会公权力的机关，对违法违纪行为的发现都应该具有《行政处罚法》规定的法律效力。因此上述任何一个机关对违法违纪行为只要启动调查、取证和立案程序，均可视为"发现"；群众举报后被认定属实的，发现时间以举报时间为准。

对于违法建筑物，即使没有被有关行政机关发现，但是违法的状态在持续之中，应随时发现随时处理。只要违法建筑物存在，就不受"二年内未被发现"的限制。

在追诉时效上，长期追诉时效为5年。将"公民生命健康安全、金融安全等"列入5年追诉时效，是为了加大对重大违法行为的惩戒。

法律另有规定的情形如：（1）违反治安管理行为在6个月内没有被公安机关发现的，不再处罚。（2）违反税收法律、行政法规应当给予行政处罚的行为，在5年内未被发现的，不再给予行政处罚。

实务应用

11. 如何计算时效？

行政处罚时效从何时起计算，涉及追究时间的长短。本条规定了两种计算方法：（1）一般情况下，从违法行为发生之日起计算。所谓违法行为发生之日，应当理解为违法行为成立之日。（2）违法行为有连续或者继续状态的，从行为终了之日起计算。

案例指引

13. 违法行为已超过法定处罚期限，行政机关能否作出处罚决定？[①]

2022年1月26日，某区司法局（以下简称区司法局）接到举报信，举报徐某艳存在冒充律师执业等违法行为。2022年2月10日，区司法局对徐某艳进行询问。当时只有两张照片作为证据，不足以证明举报内容属实，因此对投诉事项作出不予支持的书面意见。后区司法局接到其他行政机关转交的视听资料。2022年3月25日，区司法局作出行政处罚先行告知书并送达徐某艳。2022年3月27日，徐某艳提出申辩。

---

① 参见《某区司法局、徐某艳司法行政管理（司法行政）行政二审行政判决书》，案号：（2022）辽04行终144号，载中国裁判文书网，最后访问日期：2023年7月20日。

区司法局未复核。2022 年 3 月 31 日，区司法局作出顺司罚决字〔2022〕第（001）号《行政处罚决定书》，通过邮寄方式送达徐某艳。

一审法院认为，本案中，区司法局对徐某艳作出行政处罚，未履行立案手续，在徐某艳提出申辩后，也未依法予以复核。综上，区司法局作出的顺司罚决字〔2022〕第（001）号《行政处罚决定书》认定的事实不清、证据不足、程序违法。区司法局不服一审判决，提起上诉。

二审法院认为，《行政处罚法》第 36 条第 1 款规定："违法行为在二年内未被发现的，不再给予行政处罚；涉及公民生命健康安全、金融安全且有危害后果的，上述期限延长至五年。法律另有规定的除外。"第 45 条第 1 款规定："当事人有权进行陈述和申辩。行政机关必须充分听取当事人的意见，对当事人提出的事实、理由和证据，应当进行复核；当事人提出的事实、理由或者证据成立的，行政机关应当采纳。"《最高人民法院关于行政诉讼证据若干问题的规定》第 12 条规定："根据行政诉讼法第三十一条第一款第（三）项的规定，当事人向人民法院提供计算机数据或者录音、录像等视听资料的，应当符合下列要求：（一）提供有关资料的原始载体。提供原始载体确有困难的，可以提供复制件；（二）注明制作方法、制作时间、制作人和证明对象等；（三）声音资料应当附有该声音内容的文字记录。"本案中，区司法局对徐某艳作出处罚所依据的视频资料未注明制作方法、制作时间、制作人及证明对象，该视频资料显示的时间为 2014 年 1 月，已超过法定处罚期限。区司法局亦未提供其他证据证明徐某艳同时在律师事务所与法律服务所执业，故该处罚决定认定事实不清，证据不足。关于区司法局主张案涉处罚决定适用简易程序、可以当场作出、无须履行立案手续一节，区司法局在对徐某艳作出处罚决定前，已将《行政处罚先行告知书》送达徐某艳处，根据法律规定，区司法局适用的是普通程序，应当履行立案程序。徐某艳在申辩书中已提出其不存在违规在律师事务所执业的事实，该申辩内容具有具体的理由，区司法局应当对徐某艳的申辩作出复核，区司法局未提供证据证明其对徐某艳的申辩作出复核，故区司法局作出该处罚决定的程序违法。综上，一审判决认定事实清楚，适用法律正确。依法判决：驳回上诉，维持原判。

关联参见

《治安管理处罚法》第 22 条；《税收征收管理法》第 86 条

第三十七条　【法不溯及既往】 实施行政处罚，适用违法行为发生时的法律、法规、规章的规定。但是，作出行政处罚决定时，法律、法规、规章已被修改或者废止，且新的规定处罚较轻或者不认为是违法的，适用新的规定。

条文解读

法不溯及既往 ➡ 法律不溯及既往原则是基本原则。本条采用从旧兼从轻原则，即原则上适用旧法，但新法对行为人有利时，适用新法，体现了对当事人权益的保障。

第三十八条　【行政处罚无效】 行政处罚没有依据或者实施主体不具有行政主体资格的，行政处罚无效。

违反法定程序构成重大且明显违法的，行政处罚无效。

条文解读

行政处罚无效 ➡ 行政机关必须在本机关职权范围内实施，超出自己机关的职权实施行政处罚的，行为无效。行政机关之外的其他组织，应当具有法律、行政法规、地方性法规的授权。除了以上按照职权执法之外，还有委托执法，受委托组织也可以以委托主体的名义开展执法。

程序影响行政处罚行为效力的限度是"重大且明显违法"。根据

《行政诉讼法》规定，行政行为有实施主体不具有行政主体资格或者没有依据等重大且明显违法情形，原告申请确认行政行为无效的，人民法院判决确认无效。人民法院判决确认违法或者无效的，可以同时判决责令被告采取补救措施；给原告造成损失的，依法判决被告承担赔偿责任。此外，行政行为程序轻微违法，但对原告权利不产生实际影响的，人民法院不撤销行政行为。

关联参见

《行政处罚法》第 48 条、第 75 条、第 76 条

第五章　行政处罚的决定

第一节　一 般 规 定

第三十九条 　【信息公示】行政处罚的实施机关、立案依据、实施程序和救济渠道等信息应当公示。

条文解读

信息公示 ➡ 本条规定的是事前公示。《国务院办公厅关于全面推行行政执法公示制度执法全过程记录制度重大执法决定法制审核制度的指导意见》规定，行政执法机关要统筹推进行政执法事前公开与政府信息公开、权责清单公布、"双随机、一公开"监管等工作。全面、准确、及时、主动公开行政执法主体、人员、职责、权限、依据、程序、救济渠道和随机抽查事项清单等信息。根据有关法律法规，结合自身职权职责，编制并公开本机关的服务指南、执法流程图，明确执法事项名称、受理机构、审批机构、受理条件、办理时限等内容。公开的信息要简明扼要、通俗易懂，并及时根据法律法规及机构职能变化情况进行动态调整。

关联参见

《市场监督管理行政处罚信息公示规定》

第四十条　【处罚的前提】公民、法人或者其他组织违反行政管理秩序的行为，依法应当给予行政处罚的，行政机关必须查明事实；违法事实不清、证据不足的，不得给予行政处罚。

条文解读

　　随着社会的不断进步和发展，行政管理在一个国家的管理中起到越来越重要的作用，对违反行政管理秩序的行为给予一定的行政处罚，是维护国家正常行政管理秩序的有效手段。但是行政机关要作出对某项行为实施行政处罚的决定，必须查明当事人违反行政管理秩序的行为的事实，本条的规定明确了实施行政处罚机关的一项义务，即行政机关负有查明违法行为事实的义务。法律之所以作出这样的规定，是基于行政机关具有强制性的行政管理权，正因为具有这种权力，所以证明一项行为是否违反了行政管理秩序，要由行政机关来负责，而不应把这项义务加在被管理者身上。这样规定，也有利于促进行政机关及其执法人员工作的积极性和主动性，更好地承担起行政管理的各项职责。

实务应用

12. 怎样构成"查明事实"？

　　行政处罚的实施，是基于行政违法行为的存在，要查明行政违法行为的存在必须具备以下条件：（1）查明是一人或几个人实施的行为（法人或者其他组织）；（2）是在什么时间实施的行为；（3）是在什么地点实施的行为；（4）行为的具体情况、过程等；（5）行为造成了什么样的结果。同时，要求有充分、确凿的证据证明行为的存在。

14. 执法人员在执法过程中未以合理方式查明事实就作出行政处罚的行为是否合法？[①]

2017 年 4 月 23 日，举报人通过电话举报其于 2016 年 4 月 21 日在某超市安贞店购买的果酱混有异物。2017 年 4 月 24 日，经批准，原北京市某区食品药品监督管理局（以下简称区食药局）对举报事项立案调查，此后对包括举报食品在内的多起同类案件决定合并立案调查。同日，区食药局向举报人收集了购物小票及其举报的产品实物。举报人提供的购买产品为北京某比食品有限公司（以下简称某比公司）于 2016 年 7 月 25 日生产的香橙果酱。2017 年 6 月 27 日，区食药局向某超市安贞店送达《听证告知书》，告知其涉嫌经营混有异物的食品；未查验供货者的许可证和食品出厂检验合格证或者其他合格证明、未按规定建立并遵守进货查验记录制度，其行为违反了《食品安全法》的规定，拟对某超市安贞店进行如下处罚：（1）警告；（2）没收违法所得 52.9 元；（3）罚款 7 万元（含）至 8 万元（含）。根据相关法律规定，该店有权要求听证。此后，区食药局出具《案件调查终结报告》并经过内部合议，于 2017 年 7 月 12 日作出被诉《行政处罚决定书》和（京朝）食药监食责改〔2017〕290005 号《责令改正通知书》《行政处罚缴款书》，并向某超市安贞店送达。某超市安贞店已履行了缴纳罚款的义务并从经销商的货款中扣除，经销商亦向某比公司进行了追偿并获得相应款项。

某比公司不服，诉至一审法院，请求撤销区食药局作出的《行政处罚决定书》。

---

① 参见《北京市某区市场监督管理局与北京某比食品有限公司二审行政判决书》，案号：（2019）京 03 行终 305 号，载中国裁判文书网，最后访问日期：2023 年 7 月 20 日。

一审法院认为，本案中区食药局执法人员仅通过对香橙果酱实物的肉眼观察，发现瓶底部明显有一黑色点状物质，并未进行开瓶检查。但结合某比公司提交的证据可判定，从香橙果酱包装用瓶、配料中的胡柚皮、白砂糖等因素考虑，均存在出现黑色点状物质的可能性。显然，区食药局的执法调查并未开瓶排除黑色点状物质可能存在于瓶体的可能性，也没有结合配料的属性及果酱生产加工工艺的国家标准对果酱中出现黑色点状物质是否属于合理范畴进行分析判断，在执法程序中也未以合理方式向某比公司开展调查，未出于查明案件事实的需要给予某比公司就涉案食品涉嫌违法的定性陈述、辩解的权利，即径行作出"混有异物"的事实认定。该局作出的对涉案香橙果酱的事实认定证据不足、法律适用错误。鉴于被诉行政处罚决定中的没收违法所得和罚款的处罚内容具有不可分性，一审法院依法予以整体撤销。

北京市某区市场监督管理局（因机构改革，原北京市某区食品药品监督管理局的职责由新组建的北京市某区市场监督管理局承继）不服一审判决，提起上诉。二审法院经审理认为，一审法院判决撤销被诉《行政处罚决定书》并无不当，予以维持。

关联参见

《治安管理处罚法》第93条

第四十一条 **【信息化手段的运用】** 行政机关依照法律、行政法规规定利用电子技术监控设备收集、固定违法事实的，应当经过法制和技术审核，确保电子技术监控设备符合标准、设置合理、标志明显，设置地点应当向社会公布。

电子技术监控设备记录违法事实应当真实、清晰、完整、准确。行政机关应当审核记录内容是否符合要求；未经审核或者经审核不符合要求的，不得作为行政处罚的证据。

行政机关应当及时告知当事人违法事实，并采取信息化手段或者其他措施，为当事人查询、陈述和申辩提供便利。不得限制或者变相限制当事人享有的陈述权、申辩权。

条文解读

电子技术监控设备的适用 ➡ 设定电子技术监控设备必须经过法制和技术审核。实践中，注意与《行政处罚法》第 50 条关于国家秘密、商业秘密和个人隐私的保密规定结合起来适用。《民法典》第 1039 条规定："国家机关、承担行政职能的法定机构及其工作人员对于履行职责过程中知悉的自然人的隐私和个人信息，应当予以保密，不得泄露或者向他人非法提供。"

电子技术监控设备记录具有证据效力的前提是，满足证据的真实性、关联性、合法性要求，"真实、清晰、完整、准确"是具体标准。鉴于电子技术监控设备记录可能存在瑕疵，因此本条规定了"人机结合"，目的是通过执法人员的审核，确保其符合证据的基本要求。实践中，注意与《行政处罚法》第 58 条关于处罚决定法制审核的规定结合起来适用。

在此情形下，行政机关的告知义务和当事人的查询、陈述和申辩权是法定权利。未履行相关程序的，根据《行政处罚法》第 38 条规定，相关行政处罚行为可以被认定为无效。与普通程序不同，当事人拥有查询权。

关联参见

《市场监督管理行政处罚程序规定》第 26 条；《证券期货违法行为行政处罚办法》第 15 条

第四十二条 【执法人员要求】 行政处罚应当由具有行政执法资格的执法人员实施。执法人员不得少于两人，法律另有规定的除外。

执法人员应当文明执法，尊重和保护当事人合法权益。

行政执法资格 ➡ 不是行政机关所有的工作人员都有权开展执法活动。属于行政机关在职在编的工作人员，且必须具有行政执法人员资格，才能够执法。行政执法人员是通过行政执法资格认证，取得行政执法证件，在法定职权范围内从事行政执法活动的人员。目前，绝大多数地方都规定了行政执法人员资格制度，如《山东省行政执法人员资格认证和行政执法证件管理办法》。

文明执法是我国对行政执法的基本要求之一，保障当事人合法权益是基本原则之一。文明执法要求加强内部管理，健全纪律约束机制，加强行政执法人员思想建设、作风建设。行政执法所采取的措施和手段应当必要、适当；行政机关实施行政管理可以采用多种方式实现行政目的的，应当避免采用损害当事人权益的方式实施处罚。

第四十三条　【回避】执法人员与案件有直接利害关系或者有其他关系可能影响公正执法的，应当回避。

当事人认为执法人员与案件有直接利害关系或者有其他关系可能影响公正执法的，有权申请回避。

当事人提出回避申请的，行政机关应当依法审查，由行政机关负责人决定。决定作出之前，不停止调查。

条文解读

回避 ➡ 回避是程序正当的基本要求。行政机关工作人员履行职责，与行政管理相对人存在利害关系时，应当回避。应当回避而没有回避的，应当适用本法第 38 条的规定，行政处罚无效。

15. 行政执法主体具体执行者与行政处罚主体具体执行者人员重叠是否违背回避原则？[①]

某区公安分局派出所接到报案，称赵某某夫妇采用静坐、拦挡等形式阻挠公司正常施工。2013 年 10 月 12 日上午 9 时许，派出所六名民警到赵某某家对其进行传唤。赵某某无正当理由，拒不接受传唤，在民警对其进行强制传唤时，赵某某蹬踹民警，大喊大叫，拒不配合民警工作，阻碍民警依法执行职务。同日 12 时 40 分至 13 时 09 分，上述民警中的田某、胡某对赵某某在被强制传唤过程中的言行进行询问并制作了询问笔录。同日 15 时 40 分，田某、胡某告知赵某某因其阻碍民警依法执行职务，根据《治安管理处罚法》第 50 条第 1 款第 2 项、第 2 款的规定，拟对其进行处罚。同日 21 时，某区公安分局作出（2013）第 01076 号行政处罚决定，认为赵某某阻碍国家机关工作人员依法执行职务，决定对赵某某处以行政拘留 10 日。赵某某不服该处罚决定，提起行政诉讼。诉讼理由之一是赵某某阻碍民警执行职务是行政处罚的客体，被阻碍的对象是某区公安分局下属派出所执行职务的民警，该民警又是行政处罚案件的承办人，可能影响案件公正处理，派出所的办案民警应当自行回避。请求法院撤销被告作出的（2013）第 01076 号行政处罚决定，判令被告赔礼道歉。

一审法院认为，赵某某要求办案民警回避不符合《治安管理处罚法》第 81 条规定的情形，对其主张不予采信。某区公安分局提交的证据可以证明，其作出本案被诉具体行政行为，履行了法律规定的程序，被告在作出处罚决定中认定的事实充分，证据确凿，依法判决驳回赵某某的诉讼请求。

[①] 参见孙继发、孙辉妮：《前行政行为承办人在后续行政处罚程序中应回避》，载《人民司法（案例）》2015 年第 4 期。

赵某某不服一审判决，提起上诉。

二审法院认为，民警田某、胡某既参与了对赵某某的强制传唤行动，是被赵某某阻碍执行职务的民警之一，又在行政处罚案件中，代表行政机关调查赵某某在被强制传唤过程中是否存在阻碍民警执行职务的行为。简而言之，二人既是行政执法过程中的一方当事人，又是行政处罚过程中的调查人，且该调查的结果直接影响行政处罚决定的内容。由此可见，二人在行政处罚过程中，如不回避，严重违反回避原则，违背程序公正原则，上诉人关于"办案民警应当自行回避"的上诉主张，本院予以支持。二审法院判决：撤销一审判决；撤销被上诉人某区公安分局（2013）第 01076 号行政处罚决定。

关联参见

《国家外汇管理局行政处罚办法》第 12 条

第四十四条 【告知义务】行政机关在作出行政处罚决定之前，应当告知当事人拟作出的行政处罚内容及事实、理由、依据，并告知当事人依法享有的陈述、申辩、要求听证等权利。

条文解读

根据本条规定，行政机关在作出行政处罚决定之前，应当告知当事人如下事项：（1）作出行政处罚决定的事实和理由。即当事人在什么时间、什么地点、实施了什么行为，这种事实必须清楚、明确，而且必须有相应的证据证明。（2）作出行政处罚决定的依据。也就是说，行政机关是根据哪一部法律、法规、规章的哪些具体规定作出行政处罚的。（3）当事人依法享有的权利。按照本法规定，当事人有如下权利：第一，陈述权和包括听证在内的申辩权。当事人可以陈述自己的理由，依法要求举行听证会，就事实和法律的适用等为自己申辩。第二，申请行政复议或提起行政诉讼的权利。当事人对行政处罚不服，可以依法申请行政复议或者提起行政诉讼。第三，要求行政赔偿权。公民、法人或者其他组织因行政机关违法给予行政处罚受到损害的，有权依法获得赔偿。

第四十五条 【当事人的陈述权和申辩权】当事人有权进行陈述和申辩。行政机关必须充分听取当事人的意见，对当事人提出的事实、理由和证据，应当进行复核；当事人提出的事实、理由或者证据成立的，行政机关应当采纳。

行政机关不得因当事人陈述、申辩而给予更重的处罚。

条文解读

陈述权、申辩权 ➡ 陈述、申辩、要求听证等是当事人的权利，当事人可以放弃。陈述、申辩过程中，当事人提出的事实、理由和证据成立的，行政机关要予以采纳。本法第33条第2款规定了过错推定条款，当事人要证明自己没有主观过错的，可以在陈述、申辩过程中提出。

为了保护当事人充分行使陈述权、申辩权，本条规定了"陈述、申辩不加罚"，类似于刑事诉讼中的"上诉不加刑"。

实务应用

13. 如何使当事人能够行使其享有的陈述和申辩权？

凡事兼听则明，当事人的陈述和辩解，对于行政机关查明事实、正确地适用法律具有重要的意义。在以往的行政执法实践中，一些执法人员容不得当事人的陈述和辩解，有的甚至以加重处罚相威胁，类似的行为都属于违法行为。根据本条规定，行政机关必须充分听取当事人的意见，让当事人把要说的话说完，对当事人提出的事实、理由和证据，应当进行复核；当事人提出的事实、理由或者证据成立，行政机关应当采纳。同时，申辩作为当事人的一项法定的权利，行政机关不得因当事人的申辩而加重处罚，这也是为消除当事人的顾虑，使当事人大胆地、充分地表达自己的意见，从而从另一个侧面使行政处罚更加公正、合法。

关联参见

《治安管理处罚法》第 94 条;《商务部行政处罚实施办法》第 3 条

第四十六条 【证据】证据包括:

(一) 书证;

(二) 物证;

(三) 视听资料;

(四) 电子数据;

(五) 证人证言;

(六) 当事人的陈述;

(七) 鉴定意见;

(八) 勘验笔录、现场笔录。

证据必须经查证属实,方可作为认定案件事实的根据。

以非法手段取得的证据,不得作为认定案件事实的根据。

条文解读

证据 ➡ 本条是 2021 年新增条文。

证据的种类具体包括:

第一,书证。是指以文字、符号所记录或者表达的思想内容,证明案件事实的文书。如罚款单据、财产没收单据、营业执照、商标注册证、档案、报表、图纸、会计账册、专业技术资料等。

第二,物证。是指用外形、特征、质量等说明案件事实的部分或者全部物品。物证具有较强的客观性、特定性和不可替代性。书证和物证的区别在于,书证以其内容来证明案件事实,物证则以其物质属性和外观特征来证明案件事实。有时,同一个物体既可以作为物证也可以作为书证。

第三,视听资料。是指运用录音、录像等科学技术手段记录下来的有关案件事实和材料，如用手机录制的当事人的谈话、拍摄的当事人形象及活动等。结合《最高人民法院关于行政诉讼证据若干问题的规定》第12条规定，行政机关用以证明案件事实的录音、录像等视听资料，应当符合下列要求：（1）提供有关资料的原始载体，提供原始载体确有困难的，可以提供复制件；（2）注明制作方法、制作时间、制作人和证明对象等；（3）声音资料应当附有该声音内容的文字记录。难以识别是否经过修改的视听资料，不能单独作为定案依据。同时，行政机关利用电子技术监控设备形成的视听资料，还应符合本法第41条的相关规定。

第四，电子数据。是指以数字化形式存储、处理、传输的数据。《最高人民法院关于民事诉讼证据的若干规定》第14条规定，电子数据包括下列信息、电子文件：（1）网页、博客、微博客等网络平台发布的信息；（2）手机短信、电子邮件、即时通信、通讯群组等网络应用服务的通信信息；（3）用户注册信息、身份认证信息、电子交易记录、通信记录、登录日志等信息；（4）文档、图片、音频、视频、数字证书、计算机程序等电子文件；（5）其他以数字化形式存储、处理、传输的能够证明案件事实的信息。

第五，证人证言。是指证人以口头或者书面方式向行政机关所作的对案件事实的陈述。凡是知道案件情况，可以真实表述的人，都可以成为证人。

第六，当事人的陈述。是指当事人就自己所经历的案件事实，向行政机关所作的叙述、承认和辩解。当事人主要包括违法行为人及受害人。

第七，鉴定意见。是指鉴定机构或者行政机关指定具有专门知识或者技能的人，对案件中出现的专门性问题，通过分析、检验、鉴别等方式作出的书面意见。

第八，勘验笔录、现场笔录。勘验笔录是指行政机关对能够证明案件事实的现场的物证，就地进行分析、检验、勘查后作出的记录。现场笔录是指行政机关在进行当场处罚或其他紧急处理时，对有关事项当场所作的记录。

根据《最高人民法院关于适用〈中华人民共和国行政诉讼法〉的解释》第 43 条规定，有下列情形之一的，属于"以非法手段取得的证据"：（1）严重违反法定程序收集的证据材料；（2）以违反法律强制性规定的手段获取且侵害他人合法权益的证据材料；（3）以利诱、欺诈、胁迫、暴力等手段获取的证据材料。

关联参见

《最高人民法院关于适用〈中华人民共和国行政诉讼法〉的解释》第 43 条；《最高人民法院关于行政诉讼证据若干问题的规定》；《最高人民法院关于民事诉讼证据的若干规定》

第四十七条 **【执法全过程记录制度】** 行政机关应当依法以文字、音像等形式，对行政处罚的启动、调查取证、审核、决定、送达、执行等进行全过程记录，归档保存。

条文解读

行政处罚全过程记录 ➡ 本条是 2021 年新增条文。

行政执法全过程记录是行政执法活动合法有效的重要保证。行政执法机关要通过文字、音像等记录形式，对行政执法的启动、调查取证、审核决定、送达执行等全部过程进行记录，并全面系统归档保存，做到执法全过程留痕和可回溯管理。

文字记录是以纸质文件或电子文件形式对行政执法活动进行全过程记录的方式。主要包括对行政处罚程序的立案审批、调查取证、行政处罚事先告知书、听证告知书、听证笔录、鉴定意见、法制审核过程、处罚决定、文书送达过程等的记录。

音像记录是通过照相机、录音机、摄像机、执法记录仪、视频监控等记录设备，实时对行政执法过程进行记录的方式。行政机关应建立健全执法音像记录管理制度，明确执法音像记录的设备配备、使用规范、记录要素、存储应用、监督管理等要求。

关联参见

《市场监督管理行政处罚程序规定》第 78 条、第 79 条

第四十八条 【行政处罚决定公示制度】具有一定社会影响的行政处罚决定应当依法公开。

公开的行政处罚决定被依法变更、撤销、确认违法或者确认无效的，行政机关应当在三日内撤回行政处罚决定信息并公开说明理由。

条文解读

行政处罚决定公示制度 ➡ 本条规定的行政处罚决定公示制度，制度设计来源于《国务院办公厅关于全面推行行政执法公示制度执法全过程记录制度重大执法决定法制审核制度的指导意见》和《政府信息公开条例》第 20 条等。行政执法公示是保障行政相对人和社会公众知情权、参与权、表达权、监督权的重要措施。行政执法机关要在执法决定作出之日起 20 个工作日内，向社会公布执法机关、执法对象、执法类别、执法结论等信息，接受社会监督，行政许可、行政处罚的执法决定信息要在执法决定作出之日起 7 个工作日内公开，但法律、行政法规另有规定的除外。根据《政府信息公开条例》第 20 条，本行政机关认为具有一定社会影响的行政处罚决定，属于主动公开的范围。

关联参见

《市场监督管理行政处罚程序规定》第 63 条

第四十九条 【应急处罚】发生重大传染病疫情等突发事件，

为了控制、减轻和消除突发事件引起的社会危害，行政机关对违反突发事件应对措施的行为，依法快速、从重处罚。

条文解读

突发事件应对 ➡ 突发事件是指突然发生，造成或可能造成严重社会危害需要采取应急处置措施予以应对的自然灾害、事故灾难、公共卫生事件和社会安全事件。按照社会危害程度、影响范围等因素，自然灾害、事故灾难、公共卫生事件分为特别重大、重大、较大和一般四级。在此状态下，"快速、从重处罚"的目的是减轻社会危害后果，充分发挥行政处罚的矫正和预防功能。

关联参见

《突发事件应对法》；《市场监督管理行政处罚程序规定》第65条

第五十条　【保密义务】 行政机关及其工作人员对实施行政处罚过程中知悉的国家秘密、商业秘密或者个人隐私，应当依法予以保密。

条文解读

保密义务 ➡ 本条是2021年新增条文。

根据《保守国家秘密法》第2条、第9条的规定，国家秘密是指关系国家安全和利益，依照法定程序确定，在一定时间内只限一定范围的人员知悉的事项。具体内容包括：（1）国家事务重大决策中的秘密事项；（2）国防建设和武装力量活动中的秘密事项；（3）外交和外事活动中的秘密事项以及对外承担保密义务的秘密事项；（4）国民经济和社会发展中的秘密事项；（5）科学技术中的秘密事项；（6）维护国家安全活动和追查刑事犯罪中的秘密事项；（7）经国家保密行政管理部门确定的其他秘密事项。政党的秘密事项中符合上述规定的，属于国家秘密。

根据《反不正当竞争法》第9条的规定，商业秘密是指不为公众所知悉、具有商业价值并经权利人采取相应保密措施的技术信息、经营信息等商业信息。根据《最高人民法院关于审理侵犯商业秘密民事案件适用法律若干问题的规定》第1条的规定，技术信息是指与技术有关的结构、原料、组分、配方、材料、样品、样式、植物新品种繁殖材料、工艺、方法或其步骤、算法、数据、计算机程序及其有关文档等信息。经营信息是指与经营活动有关的创意、管理、销售、财务、计划、样本、招投标材料、客户信息、数据等信息。判断权利人是否采取了相应保密措施，可以根据商业秘密及其载体的性质、商业秘密的商业价值、保密措施的可识别程度、保密措施与商业秘密的对应程度以及权利人的保密意愿等因素综合认定。

隐私 ➡ 隐私是指自然人的私人生活安宁和不愿为他人知晓的私密空间、私密活动、私密信息。自然人享有隐私权，任何组织或者个人不得以刺探、侵扰、泄露、公开等方式侵害他人的隐私权。自然人的个人信息受法律保护。个人信息是指以电子或者其他方式记录的能够单独或者与其他信息结合识别特定自然人的各种信息，包括自然人的姓名、出生日期、身份证件号码、生物识别信息、住址、电话号码、电子邮箱、健康信息、行踪信息等。

关联参见

《市场监督管理行政处罚程序规定》第5条；《国家外汇管理局行政处罚办法》第4条

第二节　简易程序

第五十一条　【当场处罚的情形】 违法事实确凿并有法定依据，对公民处以二百元以下、对法人或者其他组织处以三千元以下罚款或者警告的行政处罚的，可以当场作出行政处罚决定。法律另有规定的，从其规定。

当场处罚 ➡ 本条根据我国目前行政处罚的实践，明确规定了当场处罚的三个必要条件：（1）违法的事实确凿。一般来说，当场处罚的行政违法行为具有案情简单、事实清楚、证据确凿的特点，因此执法人员比较容易查明事实真相，如机动车闯红灯、商贩销售不符合要求的食品等。（2）当场处罚须有法定的依据。对当场处罚的行为，必须有法律、行政法规或者规章的规定，而且这些规定应符合本法第二章的规定。（3）仅限于对公民处以 200 元以下、对法人或者其他组织处以 3000 元以下罚款或者警告的行政处罚。从当场处罚的种类上看，仅限于警告和罚款。以上规定，从违法事实、法律依据和处罚的种类及幅度上对当场处罚的适用条件加以规定，也就是说某一违法行为只有符合以上三个条件，方可作出当场处罚的决定。

案例指引

16. 对行为人驾驶机动车行经人行横道时遇行人通过而未停车让行的行为给予行政处罚是否适当？①

贝汇丰诉海宁市公安局交通警察大队道路交通管理行政处罚案

（最高人民法院审判委员会讨论通过　2017 年 11 月 15 日发布）

关键词　行政/行政处罚/机动车让行/正在通过人行横道

裁判要点

礼让行人是文明安全驾驶的基本要求。机动车驾驶人驾驶车辆行经人行横道，遇行人正在人行横道通行或者停留时，应当主动停车让行，除非行人明确示意机动车先通过。公安机关交通管理部门对不礼让行人的机动车驾驶人依法作出行政处罚的，人民法院应予支持。

---

① 最高人民法院指导案例 90 号。

相关法条

《中华人民共和国道路交通安全法》第 47 条第 1 款

基本案情

原告贝汇丰诉称：其驾驶浙 F1158J 汽车（以下简称"案涉车辆"）靠近人行横道时，行人已经停在了人行横道上，故不属于"正在通过人行横道"。而且，案涉车辆经过的西山路系海宁市主干道路，案发路段车流很大，路口也没有红绿灯，如果只要人行横道上有人，机动车就停车让行，会在很大程度上影响通行效率。所以，其可以在确保通行安全的情况下不停车让行而直接通过人行横道，故不应该被处罚。海宁市公安局交通警察大队（以下简称"海宁交警大队"）作出的编号为 3304811102542425 的公安交通管理简易程序处罚决定违法。贝汇丰请求：撤销海宁交警大队作出的行政处罚决定。

被告海宁交警大队辩称：行人已经先于原告驾驶的案涉车辆进入人行横道，而且正在通过，案涉车辆应当停车让行；如果行人已经停在人行横道上，机动车驾驶人可以示意行人快速通过，行人不走，机动车才可以通过；否则，构成违法。对贝汇丰作出的行政处罚决定事实清楚，证据确实充分，适用法律正确，程序合法，请求判决驳回贝汇丰的诉讼请求。

法院经审理查明：2015 年 1 月 31 日，贝汇丰驾驶案涉车辆沿海宁市西山路行驶，遇行人正在通过人行横道，未停车让行。海宁交警大队执法交警当场将案涉车辆截停，核实了贝汇丰的驾驶员身份，适用简易程序向贝汇丰口头告知了违法行为的基本事实、拟作出的行政处罚、依据及其享有的权利等，并在听取贝汇丰的陈述和申辩后，当场制作并送达了公安交通管理简易程序处罚决定书，给予贝汇丰罚款 100 元，记 3 分。贝汇丰不服，于 2015 年 2 月 13 日向海宁市人民政府申请行政复议。3 月 27 日，海宁市人民政府作出行政复议决定书，维持了海宁交警大队作出的处罚决定。贝汇丰收到行政复议决定书后于 2015 年 4 月 14 日起诉至海宁市人民法院。

裁判结果

浙江省海宁市人民法院于2015年6月11日作出（2015）嘉海行初字第6号行政判决：驳回贝汇丰的诉讼请求。宣判后，贝汇丰不服，提起上诉。浙江省嘉兴市中级人民法院于2015年9月10日作出（2015）浙嘉行终字第52号行政判决：驳回上诉，维持原判。

裁判理由

法院生效裁判认为：首先，人行横道是行车道上专供行人横过的通道，是法律为行人横过道路时设置的保护线，在没有设置红绿灯的道路路口，行人有从人行横道上优先通过的权利。机动车作为一种快速交通运输工具，在道路上行驶具有高度的危险性，与行人相比处于强势地位，因此必须对机动车在道路上行驶时给予一定的权利限制，以保护行人。其次，认定行人是否"正在通过人行横道"应当以特定时间段内行人一系列连续行为为标准，而不能以某个时间点行人的某个特定动作为标准，特别是在该特定动作不是行人在自由状态下自由地做出，而是由于外部的强力原因迫使其不得不做出的情况下。案发时，行人以较快的步频走上人行横道线，并以较快的速度接近案发路口的中央位置，当看到贝汇丰驾驶案涉车辆朝自己行走的方向驶来，行人放慢了脚步，以确认案涉车辆是否停下来，但并没有停止脚步，当看到案涉车辆没有明显减速且没有停下来的趋势时，才为了自身安全不得不停下脚步。如果此时案涉车辆有明显减速并停止行驶，则行人肯定会连续不停止地通过路口。可见，在案发时间段内行人的一系列连续行为充分说明行人"正在通过人行横道"。再次，机动车和行人穿过没有设置红绿灯的道路路口属于一个互动的过程，任何一方都无法事先准确判断对方是否会停止让行，因此处于强势地位的机动车在行经人行横道遇行人通过时应当主动停车让行，而不应利用自己的强势迫使行人停步让行，除非行人明确示意机动车先通过，这既是法律的明确规定，也是保障作为弱势一方的行人安全通过马路、减少交通事故、保障生命安全的现代文明社会的内在要求。综上，贝汇丰驾驶机动车行经人行横道时遇行人正在通过而未停车让行，违反了《中华人民共和国道路交通安全法》第四十七条的规定。海宁交警大队根据贝汇丰的违法事实，依据法律规定的程序在法定的处罚范围内给予相应的行政处罚，事实清楚，程序合法，处罚适当。

关联参见

《治安管理处罚法》第 100 条、第 101 条；《道路交通安全法》第107—109 条

第五十二条　【当场处罚的程序】 执法人员当场作出行政处罚决定的，应当向当事人出示执法证件，填写预定格式、编有号码的行政处罚决定书，并当场交付当事人。当事人拒绝签收的，应当在行政处罚决定书上注明。

前款规定的行政处罚决定书应当载明当事人的违法行为，行政处罚的种类和依据、罚款数额、时间、地点，申请行政复议、提起行政诉讼的途径和期限以及行政机关名称，并由执法人员签名或者盖章。

执法人员当场作出的行政处罚决定，应当报所属行政机关备案。

条文解读

当场处罚的程序 ➡ 由于当场处罚本身具有一定的特殊性，所以对当场处罚简易程序有必要作出具体的规定。执法人员当场作出行政处罚决定，应当遵循以下程序：

（1）向当事人出示执法身份证件。这是当场处罚程序的第一步，这一行为表明了行政机关实施行政处罚的主体资格，即执法者合法。为此，行政执法人员向当事人出示其执法身份证件，既表明了执法人员接受群众监督的主动性，也为防止不法分子冒充执法人员招摇撞骗、敲诈勒索等设下一道屏障。执法身份证件既可能是工作证，也可能是专门的

执法证，或者两者同时出示，对这一点的要求，将因法定的依据不同而不同。

（2）填写预定格式、编有号码的行政处罚决定书。填写行政处罚决定书，即意味着处罚决定的作出。对当场处罚使用的行政处罚决定书，应有预定的格式，编有号码，这样的行政处罚决定书，既便于执法人员使用，又可以有效地防止当场处罚的滥用，以文书的形式对执法人员起到一定监督制约作用。

（3）把行政处罚决定书当场交付当事人。当场处罚使用的行政处罚决定书是当场处罚使用的书面证据材料，决定书上载明的内容，既可以使当事人了解到因何事依据什么法律受到处罚，从而受到教育，同时也是当事人不服当场处罚决定，申请复议或提起诉讼的有力证据。

（4）执法人员作出的行政处罚决定，必须报所属行政机关备案。本条这一规定，有利于加强行政机关对其所属执法人员执法工作的监督，也能从侧面反映出执法人员的执法水平。至于备案的形式是一事一报，还是定期上报，将由各行政机关具体作出规定。当场处罚的决定书应当载明当事人的姓名（单位名称）、住所、法人代表，当事人违法行为事实、情节，作出处罚的依据，罚款的数额，作出处罚决定的时间、地点、行政机关的名称、执法人员的签名或者盖章。

关联参见

《治安管理处罚法》第 101 条；《市场监督管理行政处罚程序规定》第 67 条、第 68 条

第五十三条 　【当场处罚的履行】对当场作出的行政处罚决定，当事人应当依照本法第六十七条至第六十九条的规定履行。

条文解读

当场处罚的履行 ➡ 本条是从 2021 年修订前的《行政处罚法》第

33 条简易程序适用条件中分离出的内容，是关于履行当场作出的行政处罚决定的规定。当事人签收行政处罚决定书后，该行政处罚决定即发生法律效力，当事人应当依法全面履行行政处罚决定确定的义务。对依照简易程序作出的行政处罚决定，同样应当遵照《行政处罚法》第67条、第68条、第69条的规定，以决定和收缴相分离为原则、以当场收缴为例外。需要指出的是，无论是决定和收缴分离还是当场收缴罚款，行政机关及其执法人员都必须依法出具国务院财政部门或者省、自治区、直辖市人民政府财政部门统一制发的专用票据。不出具财政部门统一制发的专用票据的，当事人有权拒绝缴纳罚款。

第三节　普通程序

第五十四条　【调查取证与立案】除本法第五十一条规定的可以当场作出的行政处罚外，行政机关发现公民、法人或者其他组织有依法应当给予行政处罚的行为的，必须全面、客观、公正地调查，收集有关证据；必要时，依照法律、法规的规定，可以进行检查。

符合立案标准的，行政机关应当及时立案。

条文解读

收集证据 ➡ 除了《行政处罚法》第51条规定的可以当场作出的行政处罚决定外，行政机关发现公民、法人或者其他组织有依法应当给予行政处罚的行为的，必须全面、客观、公正地调查、收集有关证据。这是行政机关运用一般程序对当事人实施处罚前调查、收集证据的要求。所谓全面，就是要收集所有能够证明行政违法行为的证据，既要收集对当事人可以实施行政处罚的证据，也要收集有利于当事人的证据；既要收集原始证据，也要收集传来证据；既要收集直接证据，也要收集间接证据；既要收集书面证据，也要收集口头证据。所谓客观，就是从客观实际出发，避免先入为主地去收集证据。所谓公正，主要是指依法实施行政处罚可能要涉及双方当事人，或者当事人有数个，此时收集证据就要做到公正，不能为偏袒某方而在收集证据时失去公正。

检查 ➡️ 执法人员在调查、收集有关证据时，如有必要，可以对当事人的人身、住所等进行检查，但是由于检查涉及公民、法人或者其他组织的人身权、住所权等，因此检查必须有法律或法规的依据。也就是说，只有全国人大及其常委会通过的法律或者国务院发布的行政法规规定可以检查的，执法人员方可进行检查。

及时立案 ➡️ 本条第2款的目的是防止行政机关不作为，应当立案而不予立案的，依据本法第75条，县级以上人民政府可以主动监督，公民、法人或者其他组织对行政机关实施行政处罚的行为，有权申诉或者检举；行政机关应当认真审查，发现有错误的，应当主动改正。第76条对不立案在法律责任方面也作出了规定。

关联参见

《治安管理处罚法》第79条

第五十五条　【出示证件与协助调查】执法人员在调查或者进行检查时，应当主动向当事人或者有关人员出示执法证件。当事人或者有关人员有权要求执法人员出示执法证件。执法人员不出示执法证件的，当事人或者有关人员有权拒绝接受调查或者检查。

当事人或者有关人员应当如实回答询问，并协助调查或者检查，不得拒绝或者阻挠。询问或者检查应当制作笔录。

条文解读

调查或者检查的程序 ➡️ 行政机关在调查或者进行检查时应当向当事人或者有关人员出示证件，以代表国家公权力，各省、自治区、直辖市所属部门执法人员实施行政处罚的，必须持省级政府颁发的执法证件，国务院部门执法人员执法的，需要持本部门颁发的执法证件。出示证件，可以表明执法人员的身份，也是依法行政的一个重要方面。作为当事人或者有关人员来讲，有协助行政机关调查或检查的义务，应如实回答执法人员的询问，故意作伪证或阻挠执法人员调查或者检查的，要承担法律上的责任。询问或者检查，执法人员应当制作笔录，方能成为有效的证据。

关联参见

《市场监督管理行政处罚程序规定》第 22 条、第 28 条、第 29 条、第 43 条

第五十六条　【证据的收集原则】行政机关在收集证据时，可以采取抽样取证的方法；在证据可能灭失或者以后难以取得的情况下，经行政机关负责人批准，可以先行登记保存，并应当在七日内及时作出处理决定，在此期间，当事人或者有关人员不得销毁或者转移证据。

条文解读

收集证据的方法 ➡ 行政机关面临着日益繁重的执法任务，要提高行政执法工作效率，需要有程序上的保证。本条规定了行政机关在收集证据时，可以采取抽样取证的方法。抽样取证是通过抽取典型样本从而证明一个整体的方法。比如，技术监督部门要证明一批货物为不合格商品时，或者环保部门要证明某一条河水被污染的情况时，不可能把所有的商品或所有河水都取回检验，因此规定行政机关可以抽样取证，对于提高行政机关工作效率具有重要意义。在证据可能灭失或者以后难以取得的情况下，经行政机关负责人批准，可以先行登记保存，并应当在 7 日内及时作出处理决定，在此期间，当事人或者有关人员不得销毁或者转移证据。

14. 在司法实践中，对先行登记保存证据行为进行审查应注意什么?

一是先行登记保存的证据必须是与违法行为有直接必然关联的证据。二是先行登记保存的证据是行政执法人员收集证据时，在证据可能灭失或者以后难以取得的情况下采取的必要措施，必须具有先行登记保存的必要性。三是证据保存手段应当与证据保存目的相适应，采取适当的手段和方法。四是需要利用涉案物品的实质性特征作为证据，而又不能用其他取证手段代替时，才能对证据先行登记保存;如果可采取询问、拍照、录像、勘验等其他形式收集证明和认定行为人违法事实的证据，就不应采取查封、扣押方式进行先行登记保存。五是是否经行政机关负责人批准，是否在 7 日内作出了相应处理。

关联参见

《邮政行政处罚程序规定》第 28 条;《农业行政处罚程序规定》第 41 条

第五十七条 【处罚决定】调查终结，行政机关负责人应当对调查结果进行审查，根据不同情况，分别作出如下决定:

（一）确有应受行政处罚的违法行为的，根据情节轻重及具体情况，作出行政处罚决定;

（二）违法行为轻微，依法可以不予行政处罚的，不予行政处罚;

（三）违法事实不能成立的，不予行政处罚;

（四）违法行为涉嫌犯罪的，移送司法机关。

对情节复杂或者重大违法行为给予行政处罚，行政机关负责人应当集体讨论决定。

依据本条规定，执法人员在调查终结，查明事实后，应当提出处理意见，由行政机关负责人对调查结果进行审查，根据不同情况分别作出决定。

（1）确有应受行政处罚的违法行为的，根据情节轻重及具体情况，作出行政处罚决定。对情节复杂或者重大违法行为给予较重的行政处罚，行政机关的负责人应当集体讨论决定。

（2）违法行为轻微，依法可以不予行政处罚的，不予行政处罚。依照《行政处罚法》第30条和第33条第1款的规定，不满14周岁的人有违法行为的不予行政处罚；违法行为轻微并及时改正，没有造成危害后果的，不予行政处罚。

（3）违法事实不能成立的，不得给予行政处罚。行政处罚的实施以违法事实的存在为前提，违法事实不能成立，则不得给予行政处罚。如果滥用行政处罚，有关责任人要承担相应的法律责任。

（4）违法行为已构成犯罪的，移送司法机关。犯罪行为都是违法行为，但违法行为并不一定构成犯罪，只有具有社会危害性，并应受到刑罚处罚的行为才构成犯罪。犯罪行为应依据不同的性质和情形，分别交由公安机关、检察机关、审判机关处理。

人民法院对一般行政处罚案件应当审查是否经过行政机关负责人审查，主要审查是否有行政机关负责人相应的书面审查记录。未经行政机关负责人审查而径行作出行政处罚决定的，该行政处罚决定违法。对复杂、重大的行政处罚案件，应当审查是否经过行政机关负责人集体讨论程序，这里主要审查是否有集体讨论的书面证据。未经行政机关负责人集体讨论，该行政处罚决定构成重大程序违法，依法应予撤销。

关联参见

《治安管理处罚法》第95条；《市场监督管理行政处罚程序规定》第50条、第60条

第五十八条 【法制审核】有下列情形之一，在行政机关负责人作出行政处罚的决定之前，应当由从事行政处罚决定法制审核的人员进行法制审核；未经法制审核或者审核未通过的，不得作出决定：

（一）涉及重大公共利益的；

（二）直接关系当事人或者第三人重大权益，经过听证程序的；

（三）案件情况疑难复杂、涉及多个法律关系的；

（四）法律、法规规定应当进行法制审核的其他情形。

行政机关中初次从事行政处罚决定法制审核的人员，应当通过国家统一法律职业资格考试取得法律职业资格。

条文解读

法制审核 ➔ 审核内容主要包括：行政执法主体是否合法，行政执法人员是否具备执法资格；行政执法程序是否合法；案件事实是否清楚，证据是否合法充分；适用法律、法规、规章是否准确，裁量基准运用是否适当；执法是否超越执法机关法定权限；行政执法文书是否完备、规范；违法行为是否涉嫌犯罪、需要移送司法机关。

法制审核机构完成审核后，要根据不同的情形，提出同意或者存在问题的书面审核意见。行政执法承办机构要对法制审核机构提出的存在问题的审核意见进行研究，作出相应处理后再次报送法制审核。行政执法机关主要负责人是推动落实本机关重大执法决定法制审核制度的第一责任人，对本机关作出的行政执法决定负责。

担任法官、检察官、律师、公证员、法律顾问、仲裁员（法律类）及政府部门中从事行政处罚决定审核、行政复议、行政裁决的人员，应当取得国家统一法律职业资格。

关联参见

《市场监督管理行政处罚程序规定》第 49—51 条；《海关办理行政处罚案件程序规定》第 63—65 条

第五十九条 　【行政处罚决定书的内容】行政机关依照本法第五十七条的规定给予行政处罚，应当制作行政处罚决定书。行政处罚决定书应当载明下列事项：

（一）当事人的姓名或者名称、地址；

（二）违反法律、法规、规章的事实和证据；

（三）行政处罚的种类和依据；

（四）行政处罚的履行方式和期限；

（五）申请行政复议、提起行政诉讼的途径和期限；

（六）作出行政处罚决定的行政机关名称和作出决定的日期。

行政处罚决定书必须盖有作出行政处罚决定的行政机关的印章。

条文解读

处罚决定书的具体内容 ➡ 行政处罚决定书应当载明以下事项：

（1）当事人的姓名或者名称、地址。当事人如果是公民，应载明其姓名和住址；当事人如果是法人或者其他组织，则应载明其名称和地址。

（2）违反法律、法规或者规章的事实和证据。行为违法是作出行政处罚决定的前提，所以在行政处罚决定书上应明确载明违法的事实和证明这些事实的证据。

（3）行政处罚的种类和依据。处罚决定书必须明确是一种行政处罚或是几种行政处罚并处，具体是哪一种行政处罚。同时，还应明确作出的行政处罚是依据哪部法律、行政法规或规章的哪一条。

（4）行政处罚的履行方式和期限。行政处罚的履行方式是指当事人以什么行为履行行政处罚，如到指定银行缴纳罚款、拆除违章建筑等。期限是法律规定的或者由行政机关要求、限定当事人履行行政处罚决定的期间，如当事人应当在 15 日内到指定的银行缴纳罚款，当事人应当在行政机关要求的 1 个月内拆除违章建筑等。当事人不按照行政处罚决定书载明的履行方式和限定的期限履行行政处罚决定，即属于违法，行政机关可以采取执行措施，强制当事人履行处罚决定。

（5）不服行政处罚决定，申请行政复议或者提起行政诉讼的途径和期限。我国行政复议法和行政诉讼法对行政复议和行政诉讼案件的管辖都作出了明确、具体的规定，但是由于行政机构的设置以及隶属关系等比较复杂，一般人难以了解应向哪个地方、哪一级的哪个部门申请复议或提起诉讼，加之我国目前的法律普及不够，因此作出这样的规定更有必要。

（6）作出行政处罚决定的行政机关名称和作出决定的时间。行政处罚决定书中载明这两项内容，便于当事人申请法律救济。

关联参见

《治安管理处罚法》第96条；《市场监督管理行政处罚程序规定》第62条、第63条

第六十条　【决定期限】行政机关应当自行政处罚案件立案之日起九十日内作出行政处罚决定。法律、法规、规章另有规定的，从其规定。

条文解读

行政处罚决定作出期限 ▶ 规定90日的办理时限，是为了体现效率行政的要求。但证券、农业、生态环保等有些领域的案件办理具有一定特殊性，本条为例外规定留了余地。超期作出的行政处罚决定属于违反法定程序，对于该行政处罚决定，人民法院应当结合个案具体情况，依法作出裁判，原则上，如对被处罚人未产生实质性的不利影响，可判决确认违法。

关联参见

《生态环境行政处罚办法》第57条

第六十一条 【送达】 行政处罚决定书应当在宣告后当场交付当事人；当事人不在场的，行政机关应当在七日内依照《中华人民共和国民事诉讼法》的有关规定，将行政处罚决定书送达当事人。

当事人同意并签订确认书的，行政机关可以采用传真、电子邮件等方式，将行政处罚决定书等送达当事人。

条文解读

送达 ➡ 规定行政处罚决定书在一定的期限内交付当事人，既有利于当事人及时地履行行政处罚决定，也有利于不服行政处罚决定的当事人及时申请法律上的救济。当事人在场时作出的行政处罚决定书应当在宣告后当场交付当事人。当事人不在场的，行政机关应当在7日内送达当事人。由于行政处罚决定书送达的途径不一样，情况比较复杂，因此援引了民事诉讼法有关送达的规定。

实务应用

15. 依照《民事诉讼法》中有关送达的内容，行政处罚决定书应如何送达？

按照《民事诉讼法》的有关规定，行政机关在将行政处罚决定书送达当事人时，应遵循以下规定：（1）送达行政处罚决定书必须有送达回证，由受送达人在送达回证上记明收到日期，签名或者盖章。受送达人在送达回证上的签收日期为送达日期。（2）送达行政处罚决定书，应当直接送交受送达人。受送达人是公民的，本人不在交他的同住成年家属签收；受送达人是法人或者其他组织的，应当由法人的法定代表人、其他组织的主要负责人或者该法人、组织负责收件的人签收；受送达人有诉讼代理人的，可以送交其代理人签收；受送达人已向人民法院指定代收人的，送交代收人签收。受送达人的同住成年家属，法人或者其他组织的负责收件的人，诉讼代理人或者代收人在送达回证上签收的日期为送达日期。（3）受送达人或者他的同住成年家属拒绝接收行政处罚决定书的，送达人应当邀请有关基层组织或者所在单位的代表到场，说明情况，在送达回证上记明拒收事由和日期，由送达人、见证人签名或者盖章，把行政处罚决定书留在受送达人的住所，即视为送达。（4）直接送达行政处罚决定书有困难的，可以邮寄送达。邮寄送达的，以回执上注明的收件日期为送达日期。（5）受送达人下落不明，或者用本节规定的其他方式无法送达的，公告送达。自发出公告之日起，经过60日，即视为送达。公告送达，应当在案卷中记明原因和经过。

关联参见

《治安管理处罚法》第97条

第六十二条 【处罚的成立条件】行政机关及其执法人员在作出行政处罚决定之前，未依照本法第四十四条、第四十五条的规定向当事人告知拟作出的行政处罚内容及事实、理由、依据，或者拒绝听取当事人的陈述、申辩，不得作出行政处罚决定；当事人明确放弃陈述或者申辩权利的除外。

条文解读

处罚的成立条件 ▶ 执法程序是保证行政处罚正确实施的有效形式，严格的执法程序能够规范行政机关及其执法人员的执法行为，从程序上保障当事人的合法权利。按照本法第44条、第45条规定，行政机关在作出行政处罚决定之前，应当告知当事人作出行政处罚决定的事实、理由及依据，并告知当事人依法享有的权利。而且行政机关必须充分听取当事人的意见，允许当事人进行陈述和申辩，对当事人提出的事实、理由和证据应当进行复核；当事人提出的事实、理由或者证据成立的，行政机关应当采纳。如果行政机关及其执法人员违反以上规定，根据本法第38条第2款规定，违反法定程序构成重大且明显违法的，行政处罚无效。第44条、第45条规定的告知、陈述、申辩属于重要法定程序，没有这些程序的，行政处罚无效。

关联参见

《海关办理行政处罚案件程序规定》第66条

第四节　听证程序

第六十三条　**【听证权】**行政机关拟作出下列行政处罚决定，应当告知当事人有要求听证的权利，当事人要求听证的，行政机关应当组织听证：

（一）较大数额罚款；

（二）没收较大数额违法所得、没收较大价值非法财物；

（三）降低资质等级、吊销许可证件；

（四）责令停产停业、责令关闭、限制从业；

（五）其他较重的行政处罚；

（六）法律、法规、规章规定的其他情形。

当事人不承担行政机关组织听证的费用。

条文解读

听证权 ➡ 听证是指在作出行政处罚决定前由行政机关组织的，在调查取证人员、案件当事人及其他利害关系人参加的情况下，听取各方陈述、辩明、对质及证据证明的法定程序。

2021年修订增加的第2项规定来源于《最高人民法院关于没收财产是否应进行听证及没收经营药品行为等有关法律问题的答复》，其规定：行政机关作出没收较大数额财产的行政处罚决定前，未告知当事人有权要求举行听证或者未按规定举行听证的，应当根据《行政处罚法》的有关规定，确认该行政处罚决定违反法定程序。2021 年修订增加的"降低资质等级、责令关闭、限制从业"都是本法第 9 条新增的行政处罚类型，对当事人构成了资格准入或者营业限制，属于严重的侵益性行为。

案例指引

17. 行政处罚决定未考虑听证及质证的意见，是否合法？[①]

2017 年 11 月，某亮修船厂在其原有防风坝基础上扩建延伸坝体。2017 年 11 月 24 日，某亮修船厂原法定代表人丁某波（现某亮修船厂法定代表人单某美的丈夫，于 2018 年 9 月 6 日去世）向金普农业局提交加固维修坝体的申请。2017 年 11 月 28 日，金普农业局就某亮修船厂实施填海的行为向其送达《检查通知书》及《责令停止违法行为通知书》。2017 年 12 月 12 日，丁某波授权单某美、杨某利代为处理某亮修船厂海域使用调查事宜，同日，金普农业局就该厂实施填海的行为再次送达《检查通知书》及《责令停止违法行为通知书》。2018 年 1 月 8 日，金普农业局海监工作人员到某亮修船厂执行职务，杨某利与徐某阻碍海监工作人员执行职务，被大连市公安局金州分局分别处以行政拘留的处罚。2018 年 1 月 11 日，金普农业局委托国家海洋监测中心对某亮修船厂施工占用海域的面积进行鉴定。2018 年 1 月 12 日，金普农业局又一次向某亮修船厂送达了《责令停止违法行为通知书》。2018 年 3 月 22 日，金普农业局对某亮修船厂非法占用海域一案进行会审。2018 年 4 月 17 日，金普农业局接受某亮修船厂的听证申请，组织进行听证。2018 年 4 月 28 日及 5 月 15 日，金普农业局就听证中提出的问题组织国家海洋环境监测中心进行说明质

[①] 参见《某亮修船厂、某新区农业农村局农业行政管理（农业）：其他（农业）二审行政判决书》，案号：(2019) 辽行终 1320 号，载中国裁判文书网，最后访问日期：2023 年 7 月 20 日。

证。2018 年 5 月 31 日，金普农业局作出大金普农执处罚〔2017〕027 号行政处罚决定书。另查，2016 年 3 月，金州海洋局与其他局合并为金普农业局，金州海洋局的工作职能划归新组建的金普农业局。

一审判决撤销金普农业局作出的大金普农执处罚〔2017〕027 号行政处罚决定书中对某亮修船厂予以填海造地的处罚；驳回某亮修船厂的其他诉讼请求。某亮修船厂不服一审判决，提起上诉。

二审法院认为，根据《行政处罚法》规定，本案对某亮修船厂的罚款金额为 492.435 万元，应当告知某亮修船厂有要求听证的权利，并在听证结束后，才能依照《行政处罚法》作出行政处罚。根据金普农业局提供的证据，金普农业局在听证前即已经确定处罚结果，其处罚决定并未考虑听证及质证的意见，金普农业局的行政行为违反了《行政处罚法》规定的先听证后处罚的法定程序，实际上剥夺了当事人享有的听证权利，属于严重违反法定程序。根据金普农业局提供的案件讨论（会审）笔录，参加案件讨论（会审）的人员中属于单位负责人的仅有一名副局长，即是说该案并未经行政机关的负责人集体讨论决定，也属于程序严重违法。根据《行政诉讼法》的规定："行政行为有下列情形之一的，人民法院判决撤销或者部分撤销，并可以判决被告重新作出行政行为：……（三）违反法定程序的；……"鉴于被诉处罚决定程序严重违法，依法应予撤销，由金普农业局依法重新作出处罚决定。一审判决未能发现金普农业局处罚决定程序违法，仅判决撤销处罚决定的部分内容属适用法律错误，本院予以纠正。

18. 行政机关在没收较大数额财产时并未适用听证程序，程序是否合法？[①]

黄泽富、何伯琼、何熠诉四川省成都市金堂工商行政管理局行政处罚案

（最高人民法院审判委员会讨论通过　2012 年 4 月 9 日发布）

关键词　行政诉讼/行政处罚/没收较大数额财产/听证程序

---

① 最高人民法院指导案例 6 号。

裁判要点

行政机关作出没收较大数额涉案财产的行政处罚决定时，未告知当事人有要求举行听证的权利或者未依法举行听证的，人民法院应当依法认定该行政处罚违反法定程序。

相关法条

《中华人民共和国行政处罚法》第四十二条①

基本案情

原告黄泽富、何伯琼、何熠诉称：被告四川省成都市金堂工商行政管理局（简称金堂工商局）行政处罚行为违法，请求人民法院依法撤销成工商金堂处字（2005）第02026号《行政处罚决定书》，返还电脑主机33台。

被告金堂工商局辩称：原告违法经营行为应当受到行政处罚，对其进行行政处罚的事实清楚、证据确实充分、程序合法、处罚适当；所扣留的电脑主机是32台而非33台。

法院经审理查明：2003年12月20日，四川省金堂县图书馆与原告何伯琼之夫黄泽富联办多媒体电子阅览室。经双方协商，由黄泽富出资金和场地，每年向金堂县图书馆缴管理费2400元。2004年4月2日，黄泽富以其子何熠的名义开通了ADSL84992722（期限到2005年6月30日），在金堂县赵镇桔园路一门面房挂牌开业。4月中旬，金堂县文体广电局市场科以整顿网吧为由要求其停办。经金堂县图书馆与黄泽富协商，金堂县图书馆于5月中旬退还黄泽富2400元管理费，摘除了"金堂县图书馆多媒体电子阅览室"的牌子。2005年6月2日，金堂工商局会同金堂县文体广电局、金堂县公安局对原告金堂县赵镇桔园路门面房进行检查时发现，金堂实验中学初一学生叶某、杨某、郑某和数名成年人在上网游戏。原告未能出示《网络文化经营许可证》和营业执照。金堂工商局按照《互联网上网服务营业场所管理条例》第二十七条"擅

---

① 现为第63条，下同。

自设立互联网上网服务营业场所，或者擅自从事互联网上网服务经营活动的，由工商行政管理部门或者由工商行政管理部门会同公安机关依法予以取缔，查封其从事违法经营活动的场所，扣押从事违法经营活动的专用工具、设备"的规定，以成工商金堂扣字（2005）第02747号《扣留财物通知书》决定扣留原告的32台电脑主机。何伯琼对该扣押行为及扣押电脑主机数量有异议遂诉至法院，认为实际扣押了其33台电脑主机，并请求撤销该《扣留财物通知书》。2005年10月8日金堂县人民法院作出（2005）金堂行初字第13号《行政判决书》，维持了成工商金堂扣字（2005）第02747号《扣留财物通知书》，但同时确认金堂工商局扣押了何伯琼33台电脑主机。同年10月12日，金堂工商局以原告的行为违反了《互联网上网服务营业场所管理条例》第七条、第二十七条的规定作出了成工商金堂处字（2005）第02026号《行政处罚决定书》，决定"没收在何伯琼商业楼扣留的从事违法经营活动的电脑主机32台"。

裁判结果

四川省金堂县人民法院于2006年5月25日作出（2006）金堂行初字第3号行政判决：一、撤销成工商金堂处字（2005）第02026号《行政处罚决定书》；二、金堂工商局在判决生效之日起30日内重新作出具体行政行为；三、金堂工商局在本判决生效之日起15日内履行超期扣留原告黄泽富、何伯琼、何熠的电脑主机33台所应履行的法定职责。宣判后，金堂工商局向四川省成都市中级人民法院提起上诉。成都市中级人民法院于2006年9月28日以同样的事实作出（2006）成行终字第228号行政判决，撤销一审行政判决第三项，对其他判项予以维持。

裁判理由

法院生效裁判认为：《中华人民共和国行政处罚法》第四十二条规定："行政机关作出责令停产停业、吊销许可证或者执照、较大数额罚款等行政处罚决定之前，应当告知当事人有要求举行听证的权利。"虽然该条规定没有明确列举"没收财产"，但是该条中的"等"系不完全列举，应当包括与明文列举的"责令停产停业、吊销许可证或者执照、较大数额罚款"类似的其他对相对人权益产生较大影响的行政处罚。为了保证行政相对人充分行使陈述权和申辩权，保障行政处罚决定的合法性和合理性，对没收较大数额财产的行政处罚，也应当根据行政处罚法第四十二条的规定适用听证程序。关于没收较大数额的财产标准，应比照《四川省行政处罚听证程序暂行规定》第三条"本规定所称较大数额的罚款，是指对非经营活动中的违法行为处以1000元以上，对经营活动中的违法行为处以20000元以上罚款"中对罚款数额的规定。因此，金堂工商局没收黄泽富等三人32台电脑主机的行政处罚决定，应属没收较大数额的财产，对黄泽富等三人的利益产生重大影响的行为，金堂工商局在作出行政处罚前应当告知被处罚人有要求听证的权利。本案中，金堂工商局在作出处罚决定前只按照行政处罚一般程序告知黄泽富等三人有陈述、申辩的权利，而没有告知听证权利，违反了法定程序，依法应予撤销。

关联参见

《治安管理处罚法》第98条；《海关行政处罚实施条例》第49条

第六十四条 **【听证程序】** 听证应当依照以下程序组织：

（一）当事人要求听证的，应当在行政机关告知后五日内提出；

（二）行政机关应当在举行听证的七日前，通知当事人及有关人员听证的时间、地点；

（三）除涉及国家秘密、商业秘密或者个人隐私依法予以保密外，听证公开举行；

（四）听证由行政机关指定的非本案调查人员主持；当事人认为主持人与本案有直接利害关系的，有权申请回避；

（五）当事人可以亲自参加听证，也可以委托一至二人代理；

（六）当事人及其代理人无正当理由拒不出席听证或者未经许

可中途退出听证的，视为放弃听证权利，行政机关终止听证；

（七）举行听证时，调查人员提出当事人违法的事实、证据和行政处罚建议，当事人进行申辩和质证；

（八）听证应当制作笔录。笔录应当交当事人或者其代理人核对无误后签字或者盖章。当事人或者其代理人拒绝签字或者盖章的，由听证主持人在笔录中注明。

条文解读

听证程序 ● 行政机关应当事人的要求举行听证，应依照以下程序进行：

（1）当事人要求听证的，应当在行政机关告知后5日内提出。从提高行政管理的效率出发，规定当事人要求听证的提出有一个期限是十分必要的，由于此时不论执法人员，还是将要受到处罚的当事人对事件的记忆还比较清晰，取证比较方便，有利于充分发挥听证的作用。

2021年修订了当事人要求听证的期限，原条文规定应当在行政机关告知后3日内提出，本条适当延长当事人申请听证的期限至5日内，进一步保障了当事人的听证权利。这里的"5日内"是不变期限，本法没有作出可以延长的规定，如果行政相对人超出规定期限行使该权利，不受法律保护。

（2）行政机关应当在听证的7日前，通知当事人举行听证的时间、地点。行政机关在听证7日前，通知当事人举行听证的时间、地点，便于当事人做好充分准备，及时、准确地参加听证会。

（3）除涉及国家秘密、商业秘密或者个人隐私外，听证公开举行。公开举行是听证的一项重要原则，听证公开举行，不仅可以增强行政机关执法的透明度，而且有利于公众和社会舆论对行政执法的监督，同时也可以使参加旁听的群众受到教育。

（4）听证由行政机关指定的非本案调查人员主持；当事人认为主持人与本案有直接利害关系的，有权申请回避。规定听证程序的主持人与具体办案人员分离，使其具有相对独立的地位，可以保证听证程序的合法、公正。当事人认为主持人与本案有直接的利害关系，有权申请主持人回避。一般来讲，听证主持人应拥有下列权力：①决定何时、何地举行听证、中止听证及终止听证，并将有关的通知及其附属材料及时送达给有关当事人；②有权传唤证人，传唤与案件的处理有利害关系的第三人，更换当事人；③有权就案件的事实或与之相关的法律进行询问、发问；④有权维护听证的秩序，对违反听证秩序的人员进行警告或处理；⑤有权调查取证等。听证主持人的职责和义务主要有：①将与听证有关的决定的通知及材料依法及时送达给有关当事人及其他有关人员，如举行听证的通知；②做好听证的笔录；③根据听证的证据，依据事实，根据法律或法规，对案件独立、客观、公正地作出判断。

（5）当事人可以亲自参加听证，也可以委托1至2人代理。一般来讲，听证以当事人亲自参加为宜，尤其是在涉及案件的有关事实调查时。但当事人认为事实已经清楚，只是在法律的适用上有异议，或者本人因身体、工作等方面的原因，也可以不亲自参加听证，而委托1至2人代理，受托人可以是律师。

（6）本条第6项系2021年修订新增内容，对在实践中出现的当事人及其代理人无正当理由拒不出席听证或者未经许可中途退出听证的情形如何处理予以回应。对于当事人申请听证，行政机关已经做好听证的组织工作，通知了时间及地点，当事人及其代理人无正当理由拒不出席听证或者在听证活动进行中未经许可中途退出的，视为当事人放弃听证权利，行政机关终止听证，并可进入下一步处罚程序，这体现了行政效率的要求，亦对恶意反复以申请听证为由阻碍行政处罚的行为进行了规制。

（7）举行听证时，调查人员提供当事人违法的事实、证据和处罚建议；当事人进行申辩和质证。在进入听证程序时，原来案件的调查人员成为听证程序的一方当事人，其职责在于提出当事人违法的事实、证据和处罚建议。而作为另一方的当事人或其代理人可以就事实、证据以及适用法律等问题进行申辩和质证，从而使事实更加明确、证据更加确凿、适用法律更加适当。

（8）听证应当制作笔录，笔录交当事人审核无误后签字或盖章。听证的内容是行政机关负责人作出决定的依据。根据本法第57、58条的规定，行政处罚的决定要由行政机关负责人作出。而听证作为调查的一种形式，在此程序中所有的内容都是行政机关负责人作出决定的依据。笔录交当事人审核无误后签字或盖章证明当事人对听证笔录的认可。

关联参见

《市场监督管理行政处罚听证办法》

第六十五条 【听证笔录】听证结束后，行政机关应当根据听证笔录，依照本法第五十七条的规定，作出决定。

条文解读

听证结束后的处理 ◗ 听证程序实际上是当事人行使申辩权的一种方式，是行政机关调查工作的一部分，行政机关负责人根据调查结果的不同情况，依照本法第57条的规定分别作出决定。

以前听证笔录仅仅是作出行政处罚决定的参考因素，2021年修订明确听证笔录是作出行政处罚决定的依据，为重大修改。

第六章　行政处罚的执行

第六十六条 【履行处罚决定及分期履行】行政处罚决定依法作出后，当事人应当在行政处罚决定书载明的期限内，予以履行。

当事人确有经济困难，需要延期或者分期缴纳罚款的，经当事人申请和行政机关批准，可以暂缓或者分期缴纳。

条文解读

履行处罚决定 ➡ 行政处罚决定是行政机关依法惩戒违反行政管理法律规范的当事人的一种具体行政行为，它也具有一般具体行政行为所具有的单方性、强制性等特点。行政处罚决定依法一经作出，即发生法律效力，从而对当事人产生约束力、确定力和执行力，并依法具有保证实现的强制力。当事人应当按照行政处罚决定书的规定，自动履行行政处罚决定书上所确定的义务。所谓自动履行，是指当事人在没有外力强迫的前提下，自觉地、主动地履行其义务的行为。这里所讲的当事人既包括公民、法人，也包括机关和其他社会组织；既包括中国人，也包括外国人和无国籍人。如果当事人在规定的期限内拒不履行行政处罚决定，作出行政处罚决定的行政机关就可以依法强制执行或者申请人民法院强制执行。

在正常的情况下，行政机关作出罚款决定后，受处罚的当事人应当在规定的期限内到指定的银行缴纳罚款。但有时可能出现受处罚的当事人因有特殊困难，确实不能按期缴纳罚款的情况，如受处罚的当事人因遭受水灾、火灾等灾害造成财产损失，无力缴纳罚款。在这种情况下，受处罚的当事人不是主观上拒不缴纳罚款，而是客观上没有能力缴纳罚款，因此必须与受处罚的当事人故意拒绝或者拖延缴纳罚款的行为区分开来，应当允许有特殊困难的受处罚的当事人暂缓或者分期缴纳罚款。为此，本条规定，当事人确有经济困难，需要延期或者分期缴纳罚款的，经当事人申请和行政机关批准，可以暂缓或者分期缴纳。执行这一规定，必须同时满足以下三个条件：（1）必须是当事人确有经济困难。如果当事人没有经济困难，完全具有缴纳能力，则必须按期缴纳罚款。（2）必须经当事人申请。即使当事人确有经济困难，但如果当事人不申请延期或者分期缴纳罚款，也应视为当事人有能力在规定的期限内缴纳罚款。当事人的申请应重点阐述不能缴纳罚款的原因和理由，并提出申请延期的具体期限或者分期缴纳的次数及每次的具体金额。（3）必须经行政机关批准。行政机关收到当事人的申请后，应当进行审查，认为申请理由不成立的，予以驳回；认为申请理由成立的，作出允许暂缓或者分期缴纳的决定。暂缓的期限应当明确，不能含糊不清。分期缴纳的次数及每次的金额也应当明确。

实务应用

16. 如何判断当事人是否自行、主动履行了处罚决定？

应从以下三个方面判断：一是当事人是否实际履行。行政处罚决定书依法送达后，当事人应当以自己的实际行动履行行政处罚决定所设定的义务，如缴纳罚款、主动停产停业、改正违法行为等，即以实际的作为或者不作为履行行政处罚决定。二是当事人是否按时履行。在通常情况下，行政处罚决定书都会载明当事人履行处罚决定的期限，如在行政处罚决定作出后 15 日内到指定的银行缴纳罚款等。如果当事人逾期不缴纳罚款，就意味着其已经放弃自愿履行的机会，行政机关便可以采取强制措施，督促或迫使其履行。三是当事人是否完全履行。当事人接到行政处罚决定书后，应当全面履行行政处罚决定的内容，不能只履行其中的一部分。如果行政处罚决定要求当事人缴纳罚款并责令其停产停业，而当事人只缴纳了罚款却没有停产停业，就属于没有完全履行行政处罚决定。

关联参见

《道路交通安全法》第 108 条；《市场监督管理行政处罚程序规定》第 74 条

第六十七条 【罚缴分离原则】作出罚款决定的行政机关应当与收缴罚款的机构分离。

除依照本法第六十八条、第六十九条的规定当场收缴的罚款外，作出行政处罚决定的行政机关及其执法人员不得自行收缴罚款。

当事人应当自收到行政处罚决定书之日起十五日内，到指定的银行或者通过电子支付系统缴纳罚款。银行应当收受罚款，并将罚款直接上缴国库。

条文解读

罚缴分离原则 ➡ 实行罚款决定与罚款收缴相分离的制度，并不意味着所有的罚款都要由专门机构收缴，专门机构收缴罚款应当具有一定的范围。根据本条的规定，专门机构收缴罚款的范围是除当场收缴以外的所有罚款，而当场收缴又可分为几种情形（参见本法第68条、第69条）。除当场收缴的罚款外，作出处罚决定的行政机关及其执法人员不能自行收缴罚款，否则即构成违法，应当追究其法律责任。这里的"专门机构"，是指行政机关指定的银行。根据本条的规定，除当场收缴的罚款外，行政机关开具罚款决定书后，由当事人到指定的银行缴纳罚款。当事人收到罚款决定书后，如果既不申请复议，也不提起诉讼，应当自收到罚款决定书之日起15日内，到处罚决定书上指定的银行缴纳罚款。银行应当收受罚款，并将罚款上缴国库。这是法律赋予银行的一项义务，银行不得拒绝承担。

2021年修法首次将电子支付系统写入法律。所谓电子支付是指付款人与收款人之间以非现金的电子形式完成货币交易的行为。当前，电子支付已经影响人民生活的方方面面，完全改变了以往的交易模式。这其中，电子支付也为缴纳罚款提供了便利条件，当事人可以通过移动终端随时完成罚款缴纳行为。

为了实施罚款决定与罚款收缴分离，加强对罚款收缴活动的监督，保证罚款及时上缴国库，国务院1997年出台了《罚款决定与罚款收缴分离实施办法》，因此2021年修法时删除了原第63条。进一步的细化规定，参见财政部《罚没财物管理办法》（财税〔2020〕54号）。

第六十八条 【当场收缴罚款范围】依照本法第五十一条的规定当场作出行政处罚决定，有下列情形之一，执法人员可以当场收缴罚款：

(一) 依法给予一百元以下罚款的；

(二) 不当场收缴事后难以执行的。

条文解读

当场收缴罚款 ➡ 实行罚款决定与罚款收缴相分离的制度，并不是说就要完全取消当场收缴罚款的制度，在有些情况下，当场收缴罚款还是非常有必要的。根据《行政处罚法》第 51 条的规定，行政机关认为违法事实确凿并有法定依据，对公民处以 200 元以下、对法人或者其他组织处以 3000 元以下罚款或者警告的行政处罚的，可以当场作出行政处罚决定。在当场处罚中，如果碰到下列两种情况，行政机关及其执法人员就可以当场收缴罚款：(1) 依法给予 100 元以下的罚款处罚的。这主要是为了方便当事人，同时也是为了减轻银行的压力。(2) 不当场收缴事后难以执行的。这主要是指违法行为人是个人的情况。个人在违法行为被查处时，很可能身边没有任何证件，作出的罚款决定不当场收缴，事后可能连处的对象都找不到，更不用说执行罚款决定了。对于单位而言，由于它通常都要登记注册，有自己固定的地址和资产，因而对单位违法行为所作的罚款决定，一般不会出现当场不收缴罚款事后难以执行的情况。

关联参见

《治安管理处罚法》第 104 条

第六十九条 【边远地区当场收缴罚款】在边远、水上、交通不便地区，行政机关及其执法人员依照本法第五十一条、第五十七条的规定作出罚款决定后，当事人到指定的银行或者通过电子支付系统缴纳罚款确有困难，经当事人提出，行政机关及其执法人员可以当场收缴罚款。

边远地区当场收缴罚款 ➡ 依据本条规定，在同时具备以下三个条件的特殊情形下，执法人员才可当场收缴罚款：(1) 违法行为地限于边远、水上、交通不便地区。(2) 当事人到指定的银行或者通过电子支付系统缴纳罚款确有困难。虽处于边远、水上、交通不便地区，但结合处罚案件及当事人的具体情况，如果当事人到指定的银行或通过电子支付系统缴纳罚款不存在困难的，执法人员不得当场收缴罚款。(3) 当事人自行提出当场缴纳罚款的要求。这是当场收缴罚款的必要条件，如当事人没有提出当场缴纳罚款，其愿意自行到指定的银行或者通过电子支付系统缴纳的，执法人员也不得当场收缴罚款。另外，行政机关及其执法人员不得以此为依据，要求或者变相要求当事人"提出"当场缴纳罚款，更不得进行"议价"罚款。

第七十条 【罚款票据】行政机关及其执法人员当场收缴罚款的，必须向当事人出具国务院财政部门或者省、自治区、直辖市人民政府财政部门统一制发的专用票据；不出具财政部门统一制发的专用票据的，当事人有权拒绝缴纳罚款。

罚款票据 ➡ 本条是针对当场处罚执法人员不出具收据或者出具自行印制的收据这一情况作出的规定。这一规定，包含以下几层含义：(1) 行政机关及其执法人员当场收缴罚款，必须使用罚款收据，如果不使用罚款收据，构成违法。(2) 行政机关及其执法人员当场收缴罚款的，其使用的罚款收据必须是省、自治区、直辖市财政部门统一制发的，而不是其他部门统一制发的或者行政机关自行印制的。所谓统一制发，是指罚款收据的格式是由省、自治区、直辖市财政部门设计的，罚款收据是由省、自治区、直辖市财政部门指定的印刷厂印刷的，并盖有省、自治区、直辖市财政部门罚款收据专用章。(3) 行政机关及其执法人员当场收缴罚款，如果使用的不是省、自治区、直辖市财政部门统一制发的罚款收据，无论是否使用其他的罚款收据，当事人都有权拒绝缴纳罚款。在这种情况下，当事人缴纳罚款，不受期限的约束。

关联参见

《治安管理处罚法》第 106 条

第七十一条 【罚款交纳期】执法人员当场收缴的罚款，应当自收缴罚款之日起二日内，交至行政机关；在水上当场收缴的罚款，应当自抵岸之日起二日内交至行政机关；行政机关应当在二日内将罚款缴付指定的银行。

条文解读

当场收缴罚款的交纳期限 ➡ 罚款决定与罚款收缴相分离制度的核心是分离，是要割断作出罚款决定的行政机关与收缴罚款的利益联系，使作出罚款决定的行政机关不能将罚款直接充当行政经费，或者建立本单位的"小金库"，甚至进行私分、贪污腐化。本条的规定，即是对罚款决定与罚款收缴相分离制度的进一步完善。如果执法人员或者行政机关超过了规定的时间上缴罚款，即构成违法，必须承担相应的法律责任。

关联参见

《治安管理处罚法》第 105 条；《市场监督管理行政处罚程序规定》第 73 条

第七十二条　【执行措施】 当事人逾期不履行行政处罚决定的，作出行政处罚决定的行政机关可以采取下列措施：

（一）到期不缴纳罚款的，每日按罚款数额的百分之三加处罚款，加处罚款的数额不得超出罚款的数额；

（二）根据法律规定，将查封、扣押的财物拍卖、依法处理或者将冻结的存款、汇款划拨抵缴罚款；

（三）根据法律规定，采取其他行政强制执行方式；

（四）依照《中华人民共和国行政强制法》的规定申请人民法院强制执行。

行政机关批准延期、分期缴纳罚款的，申请人民法院强制执行的期限，自暂缓或者分期缴纳罚款期限结束之日起计算。

条文解读

加处罚款 ➡ 这一措施只适用于到期不缴纳罚款的当事人。根据《行政处罚法》的规定，凡给予罚款处罚的，如果当事人到期不缴纳罚款，作出罚款决定的行政机关就可以每日按罚款数额的 3% 加处罚款。所谓到期，是指罚款通知书上写明的期限。这里加处的 3% 的罚款，不是行政处罚，而是一种间接强制执行，即执行罚。所谓执行罚，是指当事人不及时履行他人不能代为履行的义务时，行政机关可以采用科以财产上新的给付义务的办法，促其履行义务。

拍卖财物或者划拨存款 ➡ 这一措施实际上是一种直接强制执行措施。所谓直接强制执行措施，是指义务人不履行义务，行政机关在采用代履行、执行罚等间接强制执行办法不能达到目的时，或在紧迫情况下来不及运用间接强制执行的办法时，可以对法定义务人的人身或财物加以强制，促使法定义务人履行义务。本条第 1 款第 2 项规定包括两层含义：（1）查封、扣押财物或者冻结存款，必须是依照法律规定进行的，没有法律规定或者依照其他规定采取这些强制措施是无效的，不能拍卖财物或者划拨存款；（2）依法采取的强制措施控制的财物或者存款，应当按照法律的规定进行拍卖或者划拨。

申请法院强制执行 ➡ 行政机关作出处罚决定后，受处罚的当事人拒不履行，作出处罚决定的行政机关可以申请人民法院强制执行。根据《行政强制法》的规定，当事人在法定期限内不申请行政复议或者提起行政诉讼，又不履行行政决定的，没有行政强制执行权的行政机关可以自期限届满之日起3个月内，申请人民法院强制执行。

关联参见

《道路交通安全法》第109条；《市场监督管理行政处罚程序规定》第75条、第76条；《最高人民法院关于适用〈中华人民共和国行政诉讼法〉的解释》第155—161条

第七十三条 【不停止执行及暂缓执行】当事人对行政处罚决定不服，申请行政复议或者提起行政诉讼的，行政处罚不停止执行，法律另有规定的除外。

当事人对限制人身自由的行政处罚决定不服，申请行政复议或者提起行政诉讼的，可以向作出决定的机关提出暂缓执行申请。符合法律规定情形的，应当暂缓执行。

当事人申请行政复议或者提起行政诉讼的，加处罚款的数额在行政复议或者行政诉讼期间不予计算。

条文解读

申请复议、提起诉讼不停止处罚的执行 ➡ 行政处罚是行政机关给予违反行政管理法律规范的当事人制裁的一种具体行政行为。根据《行政诉讼法》和《行政复议法》的规定，凡行政机关作出行政处罚决定，当事人如果不服的，都可以申请行政复议或者提起行政诉讼。当事人申请行政复议或者提起行政诉讼，将会对行政机关作出的行政处罚决定的效力产生影响：当事人一经申请复议或者起诉，便使行政机关作出的行

政处罚决定处于一种未定状态，使它暂时不能取得最终的法律效力，因为该行政处罚决定将由此而面临被撤销或者被变更的可能。虽然如此，但它并不能影响行政处罚决定的先行执行力。

但是，存在例外。根据本条的规定，在行政复议和行政诉讼期间如果法律规定行政处罚决定可以停止执行的，行政处罚决定可以停止执行。这里的法律，仅指全国人民代表大会及其常务委员会通过的法律，不包括法规、规章。也就是说，法规、规章及其他规范性文件都不得作出停止执行行政处罚决定的规定。根据《行政诉讼法》规定，停止执行行政处罚决定的情形主要有：（1）被告认为需要停止执行的；（2）原告申请停止执行，人民法院认为该行政行为的执行会造成难以弥补的损失，并且停止执行不损害国家利益、社会公共利益的；（3）人民法院认为该行政行为的执行会给国家利益、社会公共利益造成重大损害的；（4）法律、法规规定停止执行的。根据《行政复议法》的规定，行政复议期间具体行政行为不停止执行；但是，有下列情形之一的，可以停止执行：（1）被申请人认为需要停止执行的；（2）行政复议机关认为需要停止执行的；（3）申请人申请停止执行，行政复议机关认为其要求合理，决定停止执行的；（4）法律规定停止执行的。

加处罚款不予计算 ➲ 关于复议、诉讼期间是否中止加处罚款计算的问题，最高人民法院于 2007 年 4 月 27 日作出《最高人民法院行政审判庭关于行政处罚的加处罚款在诉讼期间应否计算问题的答复》（〔2005〕行他字第 29 号）：根据《行政诉讼法》的有关规定，对于不履行行政处罚决定所加处罚款属于执行罚，在诉讼期间不应计算。该答复精神在 2021 年《行政处罚法》修订中得到采用。

关联参见

《行政强制法》第 39 条；《治安管理处罚法》第 107 条

第七十四条　【没收的非法财物的处理】 除依法应当予以销

毁的物品外，依法没收的非法财物必须按照国家规定公开拍卖或者按照国家有关规定处理。

罚款、没收的违法所得或者没收非法财物拍卖的款项，必须全部上缴国库，任何行政机关或者个人不得以任何形式截留、私分或者变相私分。

罚款、没收的违法所得或者没收非法财物拍卖的款项，不得同作出行政处罚决定的行政机关及其工作人员的考核、考评直接或者变相挂钩。除依法应当退还、退赔的外，财政部门不得以任何形式向作出行政处罚决定的行政机关返还罚款、没收的违法所得或者没收非法财物拍卖的款项。

条文解读

没收的非法财物的处理 ➡ 本条规定，除依法应当予以销毁的物品外，依法没收的非法财物必须按照国家规定公开拍卖或者按照国家有关规定处理。所谓"依法"，是指依据法律、行政法规和地方性法规的规定。设定没收非法财物的行政处罚，只能由法律、行政法规和地方性法规规定。所谓"应当予以销毁的物品"，是指法律、行政法规和地方性法规明文规定必须予以销毁的物品，如不合格的产品、违禁品、变质或腐烂的食品等。对罚款、没收违法所得或者没收非法财物拍卖的款项，必须全部上缴国库，任何行政机关或者个人不得以任何形式截留、私分或者变相私分。

只有将罚没收入与行政机关及其工作人员的利益割裂开来，才能使行政处罚权的行使具备公正性。一方面要使罚没收入所得的款项与行政机关及其工作人员的考核、考评脱钩，另一方面要充分保障行政机关运行及开展行政管理的经费，将其与实施行政处罚获得的款项独立开来。本法规定罚款、没收的违法所得或者没收非法财物拍卖的款项，不得作为作出行政处罚决定的行政机关及其工作人员考核、考评的标准或依据，财政部门不得以任何形式返还罚款、没收的违法所得或者返还没收非法财物的拍卖款项，为禁止性条款，是对行政机关及财政部门的规范约束，违反上述规定的，还应当承担《行政处罚法》第78条规定的法律责任。

第七十五条 【监督检查】行政机关应当建立健全对行政处罚的监督制度。县级以上人民政府应当定期组织开展行政执法评议、考核，加强对行政处罚的监督检查，规范和保障行政处罚的实施。

行政机关实施行政处罚应当接受社会监督。公民、法人或者其他组织对行政机关实施行政处罚的行为，有权申诉或者检举；行政机关应当认真审查，发现有错误的，应当主动改正。

条文解读

行政处罚监督 ➡ 行政处罚监督，是指依法享有监督权的国家机关、社会组织和公民对行使行政处罚设定和实施权的机关及其工作人员的行政处罚设定和实施行为的合法性所实施的监督。通过明确行政处罚的监督主体、监督对象、监督内容、监督权等，建立行政处罚的监督制度。行政处罚的监督包括行政机关内部监督、社会监督、行政复议、行政诉讼等制度，本条所规定的行政处罚监督包含行政机关内部监督及社会监督。

本法关于"县级以上人民政府应当加强对行政处罚的监督检查"的规定，要求政府对其所属部门和下级人民政府的行政处罚权承担起监督的责任，也就是说，政府对行政处罚监督不力，造成乱处罚、不处罚等，政府都要承担责任。这将促使政府把发展经济、管理社会与依法行政、依法实施行政处罚有机地结合起来，通过法律手段来协调、实现政府的多重目标。县级以上人民政府加强对行政处罚的监督检查，是上级政府对下级政府、政府对其所属各部门行使监督权的重要形式，也是政府的一项重要职责。县级以上人民政府要把对行政处罚的监督检查作为政府工作的一项重要内容，切实抓紧、抓好。

2021 年本条新增"行政机关实施行政处罚应当接受社会监督"，充分表明了本次修订对行政处罚社会监督的重视。行政处罚权是行政机关依法实施行政管理的重要手段之一，是对违反行政管理秩序的公民、法人或者其他组织进行惩戒的国家公权力。

关联参见

《治安管理处罚法》第 114 条；《道路交通安全法》第 84 条

第七章　法　律　责　任

第七十六条　【上级行政机关的监督】行政机关实施行政处罚，有下列情形之一，由上级行政机关或者有关机关责令改正，对直接负责的主管人员和其他直接责任人员依法给予处分：

（一）没有法定的行政处罚依据的；

（二）擅自改变行政处罚种类、幅度的；

（三）违反法定的行政处罚程序的；

（四）违反本法第二十条关于委托处罚的规定的；

（五）执法人员未取得执法证件的。

行政机关对符合立案标准的案件不及时立案的，依照前款规定予以处理。

条文解读

上级行政机关的监督 ➡ 本条是关于行政机关实施行政处罚没有法定行政处罚依据、擅自改变行政处罚种类和幅度、违反法定的行政处罚程序、违反委托处罚、执法人员未取得执法证件的规定的法律责任的规定。根据《行政处罚法》的规定，没有法定依据的，行政处罚无效。所谓法定依据，是指法律、法规或者规章的规定。也就是说，行政机关如果依据法律、法规或者规章之外的其他规范性文件的规定实施行政处罚，构成违法，该行政处罚也就无效。即使有法律、法规或者规章的规定，行政机关在实施行政处罚的过程中，也必须按照法律、法规或者规章规定的处罚种类和幅度进行处罚，不得随意变更处罚的种类和幅度，否则仍然构成违法，其行政处罚也无效。同时，根据《行政处罚法》的规定，行政机关不遵守法定程序构成重大且明显违法的，行政处罚无效。行政机关即使按照法律、法规或者规章规定的处罚种类和幅度进行处罚，但如果不按照法律、法规或者规章规定的程序实施处罚，而是随意进行处罚，也会构成违法。无论是哪一种违法行为，行政机关都应承担相应的法律责任。具体地说，是由行政机关的上级行政机关或者有关机关责令其改正，并且可以对直接负责的主管人员和其他直接责任人员依法给予行政处分。所谓直接负责的主管人员，是指对处罚行为的发生负有决策责任的人员，即决策者、决定者；所谓其他直接责任人员是指直接实施行政处罚的人员，即直接实施者。

根据《行政处罚法》第42条的规定，行政处罚应当由具有行政执法资格的执法人员实施。代表行政机关实施行政处罚措施的必须是具备行政执法资格的行政执法人员，其他人员不得实施。在具体执法中，部分执法人员是聘用的合同工、临时工、协管等，均不具备执法资格，有的行政机关也以此作为不承担法律责任的借口，这不符合法治政府建设的要求。国务院发布的《全面推进依法行政实施纲要》《关于加强市县政府依法行政的决定》规定，实行行政执法人员资格制度，对拟上岗执法的人员要进行相关法律知识考试，经考试合格的才能授予其行政执法资格，上岗行政执法，没有取得执法资格的不得从事行政执法工作。如果行政机关派出不具备资格的行政执法人员实施行政处罚，该处罚行为违法，需要追究法律责任的，由该行政机关承担。

关联参见

《治安管理处罚法》第116条；《公职人员政务处分法》第39条

第七十七条 【当事人的拒绝处罚权及检举权】行政机关对当事人进行处罚不使用罚款、没收财物单据或者使用非法定部门制发的罚款、没收财物单据的，当事人有权拒绝，并有权予以检举，由上级行政机关或者有关机关对使用的非法单据予以收缴销毁，对直接负责的主管人员和其他直接责任人员依法给予处分。

条文解读

当事人的拒绝处罚权及检举权 ➡ 本条是关于行政机关不使用罚款、没收财物单据或者使用非法定部门制发的罚款、没收财物单据的法律责任的规定。罚款、没收财物单据是财务收支的法定凭证，是会计核算的原始凭证，是财务检查、稽查的重要依据，必须统一印制、管理。在我国，罚款、没收财物单据由省、自治区、直辖市财政部门统一制发，由各级财政部门发放、管理。行政机关在对当事人进行行政处罚时，应当使用财政部门统一制发的罚没单据，如果行政机关不出具财政部门统一制发的罚没单据或者使用非法定部门制发的罚没单据，甚至不给任何凭证的，当事人有权拒绝接受处罚，并有权向有关部门进行检举、揭发。有关部门对使用的非法单据应当予以收缴、销毁，并可以对处罚行为的发生负有决策责任的决策者或决定者、对直接实施处罚的人员依法给予行政处分。行政处分既可以给予直接负责的主管人员，也可以给予其他直接责任人员，还可以同时给予直接负责的主管人员和其他直接责任人员。是否给予行政处分或者给予何种行政处分，应根据不同情况分别作出决定。

第七十八条 【自行收缴罚款的处理】行政机关违反本法第六十七条的规定自行收缴罚款的，财政部门违反本法第七十四条的规定向行政机关返还罚款、没收的违法所得或者拍卖款项的，由上级行政机关或者有关机关责令改正，对直接负责的主管人员和其他直接责任人员依法给予处分。

自行收缴罚款的处理 ➡ 罚款决定与罚款收缴分离是基本规定，《行政处罚法》第 68 条是例外规定，行政机关不能将罚款充作经费，作为创收的手段。行政机关执法所需经费的拨付，按照国家有关规定执行。财政部门不得将行政机关的罚款、没收违法所得或者拍卖款项，与行政机关的经费挂钩或者变相挂钩。如果有关机关违反这些基本规定，则行政处罚将丧失基本的监管功能，且带来不良社会影响，因此本条规定了责任条款。

第七十九条 【私分罚没财物的处理】行政机关截留、私分或者变相私分罚款、没收的违法所得或者财物的，由财政部门或者有关机关予以追缴，对直接负责的主管人员和其他直接责任人员依法给予处分；情节严重构成犯罪的，依法追究刑事责任。

执法人员利用职务上的便利，索取或者收受他人财物、将收缴罚款据为己有，构成犯罪的，依法追究刑事责任；情节轻微不构成犯罪的，依法给予处分。

截留、私分罚没财物的处理 ➡ 依照本条的规定，任何行政机关截留、私分或者变相私分罚款、没收的违法所得或者财物，都将依法受到制裁。这里的任何行政机关，包括各级人民政府及有关部门。如果行政机关将罚款、没收的违法所得或者财物截留、私分或者变相私分，各级财政部门或者国家司法机关有权予以追缴。而且，国家司法机关还可以以贪污罪追究直接负责的主管人员和其他直接责任人员的刑事责任。行政机关将罚款、没收的违法所得或者财物截留、私分或者变相私分，情节轻微不构成犯罪的，应当给予处分。处分既可以给予直接负责的主管人员，也可以给予其他直接责任人员，还可以同时给予直接负责的主管人员和其他直接责任人员，至于具体给予何种行政处分，应根据具体情况作出决定。所谓情节轻微，主要是指截留数额不大、时间不长、退赃积极主动、悔罪态度较好、造成的危害后果较小或者自首、立功等情形。只要具备了上述各项情形，就可以不认定为犯罪，也就无须追究刑事责任，而只给予相应处分。

索取、收受他人财物的处理 ➡ 根据本条的规定，执法人员利用职务上的便利，索取或者收受他人财物，应当依法受到制裁。所谓索取或者收受，是受贿的两种形式。收受贿赂，是指行贿人以各种方式主动进行收买贿赂，受贿人被动接受贿赂；索贿，则是指受贿人以公开或暗示的手法，主动向行贿人索取贿赂。两者只是表现形式不同，并无本质区别。

根据本条的规定，执法人员收缴罚款据为己有，构成犯罪的，应当按照贪污罪依法追究其刑事责任。

关联参见

《公职人员政务处分法》第 25 条

第八十条　【行政机关的赔偿责任及对有关人员的处理】 行政机关使用或者损毁查封、扣押的财物，对当事人造成损失的，应当依法予以赔偿，对直接负责的主管人员和其他直接责任人员依法给予处分。

条文解读

使用、损毁查封、扣押财物的法律责任 ➡ 本条所指的行政机关因使用或者毁损查封、扣押的财物，对当事人造成损失而应承担的赔偿责任，应为行政赔偿责任。有关行政机关承担赔偿责任的损失范围、赔偿义务机关的确定、赔偿方式、赔偿标准及赔偿程序等，应当适用《国家赔偿法》中有关行政赔偿的规定以及《最高人民法院关于审理行政赔偿案件若干问题的规定》等。

关联参见

《国家赔偿法》第 3—11 条

第八十一条 **【违法实行检查或执行措施的赔偿责任】**行政机关违法实施检查措施或者执行措施，给公民人身或者财产造成损害、给法人或者其他组织造成损失的，应当依法予以赔偿，对直接负责的主管人员和其他直接责任人员依法给予处分；情节严重构成犯罪的，依法追究刑事责任。

条文解读

违法实行检查或执行措施的赔偿责任 ➡ 检查措施与执行措施均与行政处罚相对人或其他利害关系人的权益密切相关，故法律、法规及规章对此设定了严格的实体及程序要求。行政机关违法实施检查措施或者执行措施，造成行政处罚相对人或其他利害关系人损失的，应当依照本条规定承担相应赔偿责任。

关联参见

《治安管理处罚法》第 117 条；《道路交通安全法》第 115 条、第 116 条

第八十二条 **【以行代刑的责任】**行政机关对应当依法移交司法机关追究刑事责任的案件不移交，以行政处罚代替刑事处罚，由上级行政机关或者有关机关责令改正，对直接负责的主管人员和其他直接责任人员依法给予处分；情节严重构成犯罪的，依法追究刑事责任。

条文解读

以行代刑的责任 ➡ 本法规定，违法行为构成犯罪的，行政机关必

须将案件移送司法机关，依法追究刑事责任。对于应当依法移交司法机关追究刑事责任的，如果行政机关不予移交，应由其上级行政机关或者有监督权的部门责令移交。如果上级行政机关或者有监督权的部门责令其改正，行政机关仍不将案件移送司法机关，应当给予相关责任人员处分。如果行政机关工作人员徇私舞弊，将明知是无罪的人移交司法机关而使其受追诉，或明知是有罪的人而故意包庇，拒不移交司法机关而使其不受追诉，应当依照刑法的有关规定追究其刑事责任。

公职人员任免机关、单位对违法的公职人员给予处分，处分的程序、申诉等适用《公职人员政务处分法》等法律、《行政机关公务员处分条例》等行政法规、国务院部门规章和国家有关规定。

第八十三条　【失职责任】行政机关对应当予以制止和处罚的违法行为不予制止、处罚，致使公民、法人或者其他组织的合法权益、公共利益和社会秩序遭受损害的，对直接负责的主管人员和其他直接责任人员依法给予处分；情节严重构成犯罪的，依法追究刑事责任。

条文解读

行政不作为的法律责任 ➡ "法无授权不可为"，要求行政机关必须经过法律授权行使权力，没有经过法律授权不能乱作为。反之，"法定职责必须为"，要求行政机关行使权力时，应当严格按照法律的规定履行法定职责，不可推诿，否则就是失职。本法的立法宗旨在于既要保护公民、法人或者其他组织的合法权益，又要保障行政机关有效地实施行政管理，以维护公共利益和社会秩序。行政机关滥施处罚，侵犯公民、法人或者其他组织的合法权益，与依法行政的要求相悖；反之，行政机关怠于履行法定职责，对应当予以制止和处罚的违法行为不予制止、处罚，也不被法律所允许。

《刑法》第 397 条；《道路交通安全法》第 117 条

第八章　附　　则

第八十四条　【属地原则】外国人、无国籍人、外国组织在中华人民共和国领域内有违法行为，应当给予行政处罚的，适用本法，法律另有规定的除外。

条文解读

属地原则 ➡ 关于《行政处罚法》行政处罚的规定是否适用外国人，全国人大常委会法制工作委员会 1997 年 1 月 3 日已经作出答复，内容和本条一致。一般来讲，中国驻外使领馆、航空器、船舶可以被认定为中国"领域内"。

第八十五条　【工作日】本法中"二日""三日""五日""七日"的规定是指工作日，不含法定节假日。

条文解读

工作日 ➡ 在立法中，"日"和"工作日"在法律时限中的区别是："日"包含节假日，"工作日"不包含节假日。对于限制公民人身自由或者行使权力可能严重影响公民、法人和其他组织的其他权利的，应当用"日"，不用"工作日"。

休息日不是节假日。《国务院关于职工工作时间的规定》第 7 条第 1 款规定："国家机关、事业单位实行统一的工作时间，星期六和星期日为周休息日。"

第八十六条　【施行日期】本法自 2021 年 7 月 15 日起施行。

法律法规
新解读丛书

关联法规

行政处罚法
解读与应用

中华人民共和国治安管理处罚法

- 2005 年 8 月 28 日第十届全国人民代表大会常务委员会第十七次会议通过
- 根据 2012 年 10 月 26 日第十一届全国人民代表大会常务委员会第二十九次会议《关于修改〈中华人民共和国治安管理处罚法〉的决定》修正

第一章　总　　则

第一条　【立法目的】 为维护社会治安秩序，保障公共安全，保护公民、法人和其他组织的合法权益，规范和保障公安机关及其人民警察依法履行治安管理职责，制定本法。

第二条　【违反治安管理行为的性质和特征】 扰乱公共秩序，妨害公共安全，侵犯人身权利、财产权利，妨害社会管理，具有社会危害性，依照《中华人民共和国刑法》的规定构成犯罪的，依法追究刑事责任；尚不够刑事处罚的，由公安机关依照本法给予治安管理处罚。

第三条　【处罚程序应适用的法律规范】 治安管理处罚的程序，适用本法的规定；本法没有规定的，适用《中华人民共和国行政处罚法》的有关规定。

第四条　【适用范围】 在中华人民共和国领域内发生的违反治安管理行为，除法律有特别规定的外，适用本法。

在中华人民共和国船舶和航空器内发生的违反治安管理行为，除法律有特别规定的外，适用本法。

第五条　【基本原则】 治安管理处罚必须以事实为依据，与违反治安管理行为的性质、情节以及社会危害程度相当。

实施治安管理处罚，应当公开、公正，尊重和保障人权，保护公民的人格尊严。

办理治安案件应当坚持教育与处罚相结合的原则。

第六条　【社会治安综合治理】各级人民政府应当加强社会治安综合治理，采取有效措施，化解社会矛盾，增进社会和谐，维护社会稳定。

第七条　【主管和管辖】国务院公安部门负责全国的治安管理工作。县级以上地方各级人民政府公安机关负责本行政区域内的治安管理工作。

治安案件的管辖由国务院公安部门规定。

第八条　【民事责任】违反治安管理的行为对他人造成损害的，行为人或者其监护人应当依法承担民事责任。

第九条　【调解】对于因民间纠纷引起的打架斗殴或者损毁他人财物等违反治安管理行为，情节较轻的，公安机关可以调解处理。经公安机关调解，当事人达成协议的，不予处罚。经调解未达成协议或者达成协议后不履行的，公安机关应当依照本法的规定对违反治安管理行为人给予处罚，并告知当事人可以就民事争议依法向人民法院提起民事诉讼。

第二章　处罚的种类和适用

第十条　【处罚种类】治安管理处罚的种类分为：

（一）警告；

（二）罚款；

（三）行政拘留；

（四）吊销公安机关发放的许可证。

对违反治安管理的外国人，可以附加适用限期出境或者驱逐出境。

第十一条　【查获违禁品、工具和违法所得财物的处理】办理治安案件所查获的毒品、淫秽物品等违禁品，赌具、赌资，吸食、注射毒品的用具以及直接用于实施违反治安管理行为的本人所有的工具，应当收缴，按照规定处理。

违反治安管理所得的财物，追缴退还被侵害人；没有被侵害人的，登记造册，公开拍卖或者按照国家有关规定处理，所得款项上缴国库。

第十二条 【未成年人违法的处罚】已满十四周岁不满十八周岁的人违反治安管理的，从轻或者减轻处罚；不满十四周岁的人违反治安管理的，不予处罚，但是应当责令其监护人严加管教。

第十三条 【精神病人违法的处罚】精神病人在不能辨认或者不能控制自己行为的时候违反治安管理的，不予处罚，但是应当责令其监护人严加看管和治疗。间歇性的精神病人在精神正常的时候违反治安管理的，应当给予处罚。

第十四条 【盲人或聋哑人违法的处罚】盲人或者又聋又哑的人违反治安管理的，可以从轻、减轻或者不予处罚。

第十五条 【醉酒的人违法的处罚】醉酒的人违反治安管理的，应当给予处罚。

醉酒的人在醉酒状态中，对本人有危险或者对他人的人身、财产或者公共安全有威胁的，应当对其采取保护性措施约束至酒醒。

第十六条 【有两种以上违法行为的处罚】有两种以上违反治安管理行为的，分别决定，合并执行。行政拘留处罚合并执行的，最长不超过二十日。

第十七条 【共同违法行为的处罚】共同违反治安管理的，根据违反治安管理行为人在违反治安管理行为中所起的作用，分别处罚。

教唆、胁迫、诱骗他人违反治安管理的，按照其教唆、胁迫、诱骗的行为处罚。

第十八条 【单位违法行为的处罚】单位违反治安管理的，对其直接负责的主管人员和其他直接责任人员依照本法的规定处罚。其他法律、行政法规对同一行为规定给予单位处罚的，依照其规定处罚。

第十九条 【减轻处罚或不予处罚的情形】违反治安管理有下列

情形之一的，减轻处罚或者不予处罚：

（一）情节特别轻微的；

（二）主动消除或者减轻违法后果，并取得被侵害人谅解的；

（三）出于他人胁迫或者诱骗的；

（四）主动投案，向公安机关如实陈述自己的违法行为的；

（五）有立功表现的。

第二十条 【从重处罚的情形】违反治安管理有下列情形之一的，从重处罚：

（一）有较严重后果的；

（二）教唆、胁迫、诱骗他人违反治安管理的；

（三）对报案人、控告人、举报人、证人打击报复的；

（四）六个月内曾受过治安管理处罚的。

第二十一条 【应给予行政拘留处罚而不予执行的情形】违反治安管理行为人有下列情形之一，依照本法应当给予行政拘留处罚的，不执行行政拘留处罚：

（一）已满十四周岁不满十六周岁的；

（二）已满十六周岁不满十八周岁，初次违反治安管理的；

（三）七十周岁以上的；

（四）怀孕或者哺乳自己不满一周岁婴儿的。

第二十二条 【追究时效】违反治安管理行为在六个月内没有被公安机关发现的，不再处罚。

前款规定的期限，从违反治安管理行为发生之日起计算；违反治安管理行为有连续或者继续状态的，从行为终了之日起计算。

第三章 违反治安管理的行为和处罚

第一节 扰乱公共秩序的行为和处罚

第二十三条 【对扰乱单位、公共场所、公共交通和选举秩序行为的处罚】有下列行为之一的，处警告或者二百元以下罚款；情节较重的，处五日以上十日以下拘留，可以并处五百元以下罚款：

（一）扰乱机关、团体、企业、事业单位秩序，致使工作、生产、营业、医疗、教学、科研不能正常进行，尚未造成严重损失的；

（二）扰乱车站、港口、码头、机场、商场、公园、展览馆或者其他公共场所秩序的；

（三）扰乱公共汽车、电车、火车、船舶、航空器或者其他公共交通工具上的秩序的；

（四）非法拦截或者强登、扒乘机动车、船舶、航空器以及其他交通工具，影响交通工具正常行驶的；

（五）破坏依法进行的选举秩序的。

聚众实施前款行为的，对首要分子处十日以上十五日以下拘留，可以并处一千元以下罚款。

第二十四条　【对扰乱文化、体育等大型群众性活动秩序行为的处罚】 有下列行为之一，扰乱文化、体育等大型群众性活动秩序的，处警告或者二百元以下罚款；情节严重的，处五日以上十日以下拘留，可以并处五百元以下罚款：

（一）强行进入场内的；

（二）违反规定，在场内燃放烟花爆竹或者其他物品的；

（三）展示侮辱性标语、条幅等物品的；

（四）围攻裁判员、运动员或者其他工作人员的；

（五）向场内投掷杂物，不听制止的；

（六）扰乱大型群众性活动秩序的其他行为。

因扰乱体育比赛秩序被处以拘留处罚的，可以同时责令其十二个月内不得进入体育场馆观看同类比赛；违反规定进入体育场馆的，强行带离现场。

第二十五条　【对扰乱公共秩序行为的处罚】 有下列行为之一的，处五日以上十日以下拘留，可以并处五百元以下罚款；情节较轻的，处五日以下拘留或者五百元以下罚款：

（一）散布谣言，谎报险情、疫情、警情或者以其他方法故意扰乱公共秩序的；

（二）投放虚假的爆炸性、毒害性、放射性、腐蚀性物质或者传染病病原体等危险物质扰乱公共秩序的；

（三）扬言实施放火、爆炸、投放危险物质扰乱公共秩序的。

第二十六条 【对寻衅滋事行为的处罚】有下列行为之一的，处五日以上十日以下拘留，可以并处五百元以下罚款；情节较重的，处十日以上十五日以下拘留，可以并处一千元以下罚款：

（一）结伙斗殴的；

（二）追逐、拦截他人的；

（三）强拿硬要或者任意损毁、占用公私财物的；

（四）其他寻衅滋事行为。

第二十七条 【对利用封建迷信、会道门进行非法活动行为的处罚】有下列行为之一的，处十日以上十五日以下拘留，可以并处一千元以下罚款；情节较轻的，处五日以上十日以下拘留，可以并处五百元以下罚款：

（一）组织、教唆、胁迫、诱骗、煽动他人从事邪教、会道门活动或者利用邪教、会道门、迷信活动，扰乱社会秩序、损害他人身体健康的；

（二）冒用宗教、气功名义进行扰乱社会秩序、损害他人身体健康活动的。

第二十八条 【对干扰无线电业务及无线电台（站）行为的处罚】违反国家规定，故意干扰无线电业务正常进行的，或者对正常运行的无线电台（站）产生有害干扰，经有关主管部门指出后，拒不采取有效措施消除的，处五日以上十日以下拘留；情节严重的，处十日以上十五日以下拘留。

第二十九条 【对侵入、破坏计算机信息系统行为的处罚】有下列行为之一的，处五日以下拘留；情节较重的，处五日以上十日以下拘留：

（一）违反国家规定，侵入计算机信息系统，造成危害的；

（二）违反国家规定，对计算机信息系统功能进行删除、修改、增加、干扰，造成计算机信息系统不能正常运行的；

（三）违反国家规定，对计算机信息系统中存储、处理、传输的数据和应用程序进行删除、修改、增加的；

（四）故意制作、传播计算机病毒等破坏性程序，影响计算机信息系统正常运行的。

第二节　妨害公共安全的行为和处罚

第三十条　【对违反危险物质管理行为的处罚】违反国家规定，制造、买卖、储存、运输、邮寄、携带、使用、提供、处置爆炸性、毒害性、放射性、腐蚀性物质或者传染病病原体等危险物质的，处十日以上十五日以下拘留；情节较轻的，处五日以上十日以下拘留。

第三十一条　【对危险物质被盗、被抢、丢失不报行为的处罚】爆炸性、毒害性、放射性、腐蚀性物质或者传染病病原体等危险物质被盗、被抢或者丢失，未按规定报告的，处五日以下拘留；故意隐瞒不报的，处五日以上十日以下拘留。

第三十二条　【对非法携带管制器具行为的处罚】非法携带枪支、弹药或者弩、匕首等国家规定的管制器具的，处五日以下拘留，可以并处五百元以下罚款；情节较轻的，处警告或者二百元以下罚款。

非法携带枪支、弹药或者弩、匕首等国家规定的管制器具进入公共场所或者公共交通工具的，处五日以上十日以下拘留，可以并处五百元以下罚款。

第三十三条　【对盗窃、损毁公共设施行为的处罚】有下列行为之一的，处十日以上十五日以下拘留：

（一）盗窃、损毁油气管道设施、电力电信设施、广播电视设施、水利防汛工程设施或者水文监测、测量、气象测报、环境监测、地质监测、地震监测等公共设施的；

（二）移动、损毁国家边境的界碑、界桩以及其他边境标志、边境设施或者领土、领海标志设施的；

（三）非法进行影响国（边）界线走向的活动或者修建有碍国（边）境管理的设施的。

第三十四条　【对妨害航空器飞行安全行为的处罚】盗窃、损坏、擅自移动使用中的航空设施，或者强行进入航空器驾驶舱的，处十日以上十五日以下拘留。

在使用中的航空器上使用可能影响导航系统正常功能的器具、工具，不听劝阻的，处五日以下拘留或者五百元以下罚款。

第三十五条　【对妨害铁路运行安全行为的处罚】有下列行为之一的，处五日以上十日以下拘留，可以并处五百元以下罚款；情节较轻的，处五日以下拘留或者五百元以下罚款：

（一）盗窃、损毁或者擅自移动铁路设施、设备、机车车辆配件或者安全标志的；

（二）在铁路线路上放置障碍物，或者故意向列车投掷物品的；

（三）在铁路线路、桥梁、涵洞处挖掘坑穴、采石取沙的；

（四）在铁路线路上私设道口或者平交过道的。

第三十六条　【对妨害列车行车安全行为的处罚】擅自进入铁路防护网或者火车来临时在铁路线路上行走坐卧、抢越铁路，影响行车安全的，处警告或者二百元以下罚款。

第三十七条　【对妨害公共道路安全行为的处罚】有下列行为之一的，处五日以下拘留或者五百元以下罚款；情节严重的，处五日以上十日以下拘留，可以并处五百元以下罚款：

（一）未经批准，安装、使用电网的，或者安装、使用电网不符合安全规定的；

（二）在车辆、行人通行的地方施工，对沟井坎穴不设覆盖物、防围和警示标志的，或者故意损毁、移动覆盖物、防围和警示标志的；

（三）盗窃、损毁路面井盖、照明等公共设施的。

第三十八条 　【对违反规定举办大型活动行为的处罚】举办文化、体育等大型群众性活动，违反有关规定，有发生安全事故危险的，责令停止活动，立即疏散；对组织者处五日以上十日以下拘留，并处二百元以上五百元以下罚款；情节较轻的，处五日以下拘留或者五百元以下罚款。

第三十九条 　【对违反公共场所安全规定行为的处罚】旅馆、饭店、影剧院、娱乐场、运动场、展览馆或者其他供社会公众活动的场所的经营管理人员，违反安全规定，致使该场所有发生安全事故危险，经公安机关责令改正，拒不改正的，处五日以下拘留。

第三节　侵犯人身权利、财产权利的行为和处罚

第四十条 　【对恐怖表演、强迫劳动、限制人身自由行为的处罚】有下列行为之一的，处十日以上十五日以下拘留，并处五百元以上一千元以下罚款；情节较轻的，处五日以上十日以下拘留，并处二百元以上五百元以下罚款：

（一）组织、胁迫、诱骗不满十六周岁的人或者残疾人进行恐怖、残忍表演的；

（二）以暴力、威胁或者其他手段强迫他人劳动的；

（三）非法限制他人人身自由、非法侵入他人住宅或者非法搜查他人身体的。

第四十一条 　【对胁迫利用他人乞讨和滋扰乞讨行为的处罚】胁迫、诱骗或者利用他人乞讨的，处十日以上十五日以下拘留，可以并处一千元以下罚款。

反复纠缠、强行讨要或者以其他滋扰他人的方式乞讨的，处五日以下拘留或者警告。

第四十二条 　【对侵犯人身权利六项行为的处罚】有下列行为之

一的，处五日以下拘留或者五百元以下罚款；情节较重的，处五日以上十日以下拘留，可以并处五百元以下罚款：

（一）写恐吓信或者以其他方法威胁他人人身安全的；

（二）公然侮辱他人或者捏造事实诽谤他人的；

（三）捏造事实诬告陷害他人，企图使他人受到刑事追究或者受到治安管理处罚的；

（四）对证人及其近亲属进行威胁、侮辱、殴打或者打击报复的；

（五）多次发送淫秽、侮辱、恐吓或者其他信息，干扰他人正常生活的；

（六）偷窥、偷拍、窃听、散布他人隐私的。

第四十三条　【对殴打或故意伤害他人身体行为的处罚】殴打他人的，或者故意伤害他人身体的，处五日以上十日以下拘留，并处二百元以上五百元以下罚款；情节较轻的，处五日以下拘留或者五百元以下罚款。

有下列情形之一的，处十日以上十五日以下拘留，并处五百元以上一千元以下罚款：

（一）结伙殴打、伤害他人的；

（二）殴打、伤害残疾人、孕妇、不满十四周岁的人或者六十周岁以上的人的；

（三）多次殴打、伤害他人或者一次殴打、伤害多人的。

第四十四条　【对猥亵他人和在公共场所裸露身体行为的处罚】猥亵他人的，或者在公共场所故意裸露身体，情节恶劣的，处五日以上十日以下拘留；猥亵智力残疾人、精神病人、不满十四周岁的人或者有其他严重情节的，处十日以上十五日以下拘留。

第四十五条　【对虐待家庭成员、遗弃被扶养人行为的处罚】有下列行为之一的，处五日以下拘留或者警告：

（一）虐待家庭成员，被虐待人要求处理的；

（二）遗弃没有独立生活能力的被扶养人的。

第四十六条 【对强迫交易行为的处罚】强买强卖商品，强迫他人提供服务或者强迫他人接受服务的，处五日以上十日以下拘留，并处二百元以上五百元以下罚款；情节较轻的，处五日以下拘留或者五百元以下罚款。

第四十七条 【对煽动民族仇恨、民族歧视行为的处罚】煽动民族仇恨、民族歧视，或者在出版物、计算机信息网络中刊载民族歧视、侮辱内容的，处十日以上十五日以下拘留，可以并处一千元以下罚款。

第四十八条 【对侵犯通信自由行为的处罚】冒领、隐匿、毁弃、私自开拆或者非法检查他人邮件的，处五日以下拘留或者五百元以下罚款。

第四十九条 【对盗窃、诈骗、哄抢、抢夺、敲诈勒索、损毁公私财物行为的处罚】盗窃、诈骗、哄抢、抢夺、敲诈勒索或者故意损毁公私财物的，处五日以上十日以下拘留，可以并处五百元以下罚款；情节较重的，处十日以上十五日以下拘留，可以并处一千元以下罚款。

第四节 妨害社会管理的行为和处罚

第五十条 【对拒不执行紧急状态决定、命令和阻碍执行公务的处罚】有下列行为之一的，处警告或者二百元以下罚款；情节严重的，处五日以上十日以下拘留，可以并处五百元以下罚款：

（一）拒不执行人民政府在紧急状态情况下依法发布的决定、命令的；

（二）阻碍国家机关工作人员依法执行职务的；

（三）阻碍执行紧急任务的消防车、救护车、工程抢险车、警车等车辆通行的；

（四）强行冲闯公安机关设置的警戒带、警戒区的。

阻碍人民警察依法执行职务的，从重处罚。

第五十一条 【对招摇撞骗行为的处罚】冒充国家机关工作人员

或者以其他虚假身份招摇撞骗的，处五日以上十日以下拘留，可以并处五百元以下罚款；情节较轻的，处五日以下拘留或者五百元以下罚款。

冒充军警人员招摇撞骗的，从重处罚。

第五十二条 【对伪造、变造、买卖公文、证件、票证行为的处罚】有下列行为之一的，处十日以上十五日以下拘留，可以并处一千元以下罚款；情节较轻的，处五日以上十日以下拘留，可以并处五百元以下罚款：

（一）伪造、变造或者买卖国家机关、人民团体、企业、事业单位或者其他组织的公文、证件、证明文件、印章的；

（二）买卖或者使用伪造、变造的国家机关、人民团体、企业、事业单位或者其他组织的公文、证件、证明文件的；

（三）伪造、变造、倒卖车票、船票、航空客票、文艺演出票、体育比赛入场券或者其他有价票证、凭证的；

（四）伪造、变造船舶户牌，买卖或者使用伪造、变造的船舶户牌，或者涂改船舶发动机号码的。

第五十三条 【对船舶擅自进入禁、限入水域或岛屿行为的处罚】船舶擅自进入、停靠国家禁止、限制进入的水域或者岛屿的，对船舶负责人及有关责任人员处五百元以上一千元以下罚款；情节严重的，处五日以下拘留，并处五百元以上一千元以下罚款。

第五十四条 【对违法设立社会团体行为的处罚】有下列行为之一的，处十日以上十五日以下拘留，并处五百元以上一千元以下罚款；情节较轻的，处五日以下拘留或者五百元以下罚款：

（一）违反国家规定，未经注册登记，以社会团体名义进行活动，被取缔后，仍进行活动的；

（二）被依法撤销登记的社会团体，仍以社会团体名义进行活动的；

（三）未经许可，擅自经营按照国家规定需要由公安机关许可的行业的。

有前款第三项行为的，予以取缔。

取得公安机关许可的经营者，违反国家有关管理规定，情节严重的，公安机关可以吊销许可证。

第五十五条 【对非法集会、游行、示威行为的处罚】煽动、策划非法集会、游行、示威，不听劝阻的，处十日以上十五日以下拘留。

第五十六条 【对旅馆工作人员违反规定行为的处罚】旅馆业的工作人员对住宿的旅客不按规定登记姓名、身份证件种类和号码的，或者明知住宿的旅客将危险物质带入旅馆，不予制止的，处二百元以上五百元以下罚款。

旅馆业的工作人员明知住宿的旅客是犯罪嫌疑人员或者被公安机关通缉的人员，不向公安机关报告的，处二百元以上五百元以下罚款；情节严重的，处五日以下拘留，可以并处五百元以下罚款。

第五十七条 【对违法出租房屋行为的处罚】房屋出租人将房屋出租给无身份证件的人居住的，或者不按规定登记承租人姓名、身份证件种类和号码的，处二百元以上五百元以下罚款。

房屋出租人明知承租人利用出租房屋进行犯罪活动，不向公安机关报告的，处二百元以上五百元以下罚款；情节严重的，处五日以下拘留，可以并处五百元以下罚款。

第五十八条 【对制造噪声干扰他人生活行为的处罚】违反关于社会生活噪声污染防治的法律规定，制造噪声干扰他人正常生活的，处警告；警告后不改正的，处二百元以上五百元以下罚款。

第五十九条 【对违法典当、收购行为的处罚】有下列行为之一的，处五百元以上一千元以下罚款；情节严重的，处五日以上十日以下拘留，并处五百元以上一千元以下罚款：

（一）典当业工作人员承接典当的物品，不查验有关证明、不履行登记手续，或者明知是违法犯罪嫌疑人、赃物，不向公安机关报告的；

（二）违反国家规定，收购铁路、油田、供电、电信、矿山、水利、测量和城市公用设施等废旧专用器材的；

（三）收购公安机关通报寻查的赃物或者有赃物嫌疑的物品的；

（四）收购国家禁止收购的其他物品的。

第六十条　【对妨害执法秩序行为的处罚】有下列行为之一的，处五日以上十日以下拘留，并处二百元以上五百元以下罚款：

（一）隐藏、转移、变卖或者损毁行政执法机关依法扣押、查封、冻结的财物的；

（二）伪造、隐匿、毁灭证据或者提供虚假证言、谎报案情，影响行政执法机关依法办案的；

（三）明知是赃物而窝藏、转移或者代为销售的；

（四）被依法执行管制、剥夺政治权利或者在缓刑、暂予监外执行中的罪犯或者被依法采取刑事强制措施的人，有违反法律、行政法规或者国务院有关部门的监督管理规定的行为。

第六十一条　【对协助组织、运送他人偷越国（边）境行为的处罚】协助组织或者运送他人偷越国（边）境的，处十日以上十五日以下拘留，并处一千元以上五千元以下罚款。

第六十二条　【对偷越国（边）境行为的处罚】为偷越国（边）境人员提供条件的，处五日以上十日以下拘留，并处五百元以上二千元以下罚款。

偷越国（边）境的，处五日以下拘留或者五百元以下罚款。

第六十三条　【对妨害文物管理行为的处罚】有下列行为之一的，处警告或者二百元以下罚款；情节较重的，处五日以上十日以下拘留，并处二百元以上五百元以下罚款：

（一）刻划、涂污或者以其他方式故意损坏国家保护的文物、名胜古迹的；

（二）违反国家规定，在文物保护单位附近进行爆破、挖掘等活动，危及文物安全的。

第六十四条　【对非法驾驶交通工具行为的处罚】有下列行为之一的，处五百元以上一千元以下罚款；情节严重的，处十日以上十五日以下拘留，并处五百元以上一千元以下罚款：

（一）偷开他人机动车的；

（二）未取得驾驶证驾驶或者偷开他人航空器、机动船舶的。

第六十五条 【对破坏他人坟墓、尸体和乱停放尸体行为的处罚】有下列行为之一的，处五日以上十日以下拘留；情节严重的，处十日以上十五日以下拘留，可以并处一千元以下罚款：

（一）故意破坏、污损他人坟墓或者毁坏、丢弃他人尸骨、骨灰的；

（二）在公共场所停放尸体或者因停放尸体影响他人正常生活、工作秩序，不听劝阻的。

第六十六条 【对卖淫、嫖娼行为的处罚】卖淫、嫖娼的，处十日以上十五日以下拘留，可以并处五千元以下罚款；情节较轻的，处五日以下拘留或者五百元以下罚款。

在公共场所拉客招嫖的，处五日以下拘留或者五百元以下罚款。

第六十七条 【对引诱、容留、介绍卖淫行为的处罚】引诱、容留、介绍他人卖淫的，处十日以上十五日以下拘留，可以并处五千元以下罚款；情节较轻的，处五日以下拘留或者五百元以下罚款。

第六十八条 【对传播淫秽信息行为的处罚】制作、运输、复制、出售、出租淫秽的书刊、图片、影片、音像制品等淫秽物品或者利用计算机信息网络、电话以及其他通讯工具传播淫秽信息的，处十日以上十五日以下拘留，可以并处三千元以下罚款；情节较轻的，处五日以下拘留或者五百元以下罚款。

第六十九条 【对组织、参与淫秽活动的处罚】有下列行为之一的，处十日以上十五日以下拘留，并处五百元以上一千元以下罚款：

（一）组织播放淫秽音像的；

（二）组织或者进行淫秽表演的；

（三）参与聚众淫乱活动的。

明知他人从事前款活动，为其提供条件的，依照前款的规定处罚。

第七十条 【对赌博行为的处罚】以营利为目的，为赌博提供条件的，或者参与赌博赌资较大的，处五日以下拘留或者五百元以下罚款；情节严重的，处十日以上十五日以下拘留，并处五百元以上三千元以下罚款。

第七十一条 【对涉及毒品原植物行为的处罚】有下列行为之一的，处十日以上十五日以下拘留，可以并处三千元以下罚款；情节较轻的，处五日以下拘留或者五百元以下罚款：

（一）非法种植罂粟不满五百株或者其他少量毒品原植物的；

（二）非法买卖、运输、携带、持有少量未经灭活的罂粟等毒品原植物种子或者幼苗的；

（三）非法运输、买卖、储存、使用少量罂粟壳的。

有前款第一项行为，在成熟前自行铲除的，不予处罚。

第七十二条 【对毒品违法行为的处罚】有下列行为之一的，处十日以上十五日以下拘留，可以并处二千元以下罚款；情节较轻的，处五日以下拘留或者五百元以下罚款：

（一）非法持有鸦片不满二百克、海洛因或者甲基苯丙胺不满十克或者其他少量毒品的；

（二）向他人提供毒品的；

（三）吸食、注射毒品的；

（四）胁迫、欺骗医务人员开具麻醉药品、精神药品的。

第七十三条 【对教唆、引诱、欺骗他人吸食、注射毒品行为的处罚】教唆、引诱、欺骗他人吸食、注射毒品的，处十日以上十五日以下拘留，并处五百元以上二千元以下罚款。

第七十四条 【对服务行业人员通风报信行为的处罚】旅馆业、饮食服务业、文化娱乐业、出租汽车业等单位的人员，在公安机关查处吸毒、赌博、卖淫、嫖娼活动时，为违法犯罪行为人通风报信的，处十日以上十五日以下拘留。

第七十五条 【对饲养动物违法行为的处罚】饲养动物，干扰他人正常生活的，处警告；警告后不改正的，或者放任动物恐吓他人的，处二百元以上五百元以下罚款。

驱使动物伤害他人的，依照本法第四十三条第一款的规定处罚。

第七十六条 【对屡教不改行为的处罚】有本法第六十七条、第六十八条、第七十条的行为，屡教不改的，可以按照国家规定采取强制性教育措施。

第四章　处　罚　程　序

第一节　调　　查

第七十七条 【受理治安案件须登记】公安机关对报案、控告、举报或者违反治安管理行为人主动投案，以及其他行政主管部门、司法机关移送的违反治安管理案件，应当及时受理，并进行登记。

第七十八条 【受理治安案件后的处理】公安机关受理报案、控告、举报、投案后，认为属于违反治安管理行为的，应当立即进行调查；认为不属于违反治安管理行为的，应当告知报案人、控告人、举报人、投案人，并说明理由。

第七十九条 【严禁非法取证】公安机关及其人民警察对治安案件的调查，应当依法进行。严禁刑讯逼供或者采用威胁、引诱、欺骗等非法手段收集证据。

以非法手段收集的证据不得作为处罚的根据。

第八十条 【公安机关的保密义务】公安机关及其人民警察在办理治安案件时，对涉及的国家秘密、商业秘密或者个人隐私，应当予以保密。

第八十一条 【关于回避的规定】人民警察在办理治安案件过程中，遇有下列情形之一的，应当回避；违反治安管理行为人、被侵害人或者其法定代理人也有权要求他们回避：

（一）是本案当事人或者当事人的近亲属的；

（二）本人或者其近亲属与本案有利害关系的；

（三）与本案当事人有其他关系，可能影响案件公正处理的。

人民警察的回避，由其所属的公安机关决定；公安机关负责人的回避，由上一级公安机关决定。

第八十二条 【关于传唤的规定】需要传唤违反治安管理行为人接受调查的，经公安机关办案部门负责人批准，使用传唤证传唤。对现场发现的违反治安管理行为人，人民警察经出示工作证件，可以口头传唤，但应当在询问笔录中注明。

公安机关应当将传唤的原因和依据告知被传唤人。对无正当理由不接受传唤或者逃避传唤的人，可以强制传唤。

第八十三条 【传唤后的询问期限与通知义务】对违反治安管理行为人，公安机关传唤后应当及时询问查证，询问查证的时间不得超过八小时；情况复杂，依照本法规定可能适用行政拘留处罚的，询问查证的时间不得超过二十四小时。

公安机关应当及时将传唤的原因和处所通知被传唤人家属。

第八十四条 【询问笔录、书面材料与询问不满十六周岁人的规定】询问笔录应当交被询问人核对；对没有阅读能力的，应当向其宣读。记载有遗漏或者差错的，被询问人可以提出补充或者更正。被询问人确认笔录无误后，应当签名或者盖章，询问的人民警察也应当在笔录上签名。

被询问人要求就被询问事项自行提供书面材料的，应当准许；必要时，人民警察也可以要求被询问人自行书写。

询问不满十六周岁的违反治安管理行为人，应当通知其父母或者其他监护人到场。

第八十五条 【询问被侵害人和其他证人的规定】人民警察询问被侵害人或者其他证人，可以到其所在单位或者住处进行；必要时，也可以通知其到公安机关提供证言。

人民警察在公安机关以外询问被侵害人或者其他证人，应当出示工作证件。

询问被侵害人或者其他证人，同时适用本法第八十四条的规定。

第八十六条 【询问中的语言帮助】 询问聋哑的违反治安管理行为人、被侵害人或者其他证人，应当有通晓手语的人提供帮助，并在笔录上注明。

询问不通晓当地通用的语言文字的违反治安管理行为人、被侵害人或者其他证人，应当配备翻译人员，并在笔录上注明。

第八十七条 【检查时应遵守的程序】 公安机关对与违反治安管理行为有关的场所、物品、人身可以进行检查。检查时，人民警察不得少于二人，并应当出示工作证件和县级以上人民政府公安机关开具的检查证明文件。对确有必要立即进行检查的，人民警察经出示工作证件，可以当场检查，但检查公民住所应当出示县级以上人民政府公安机关开具的检查证明文件。

检查妇女的身体，应当由女性工作人员进行。

第八十八条 【检查笔录的制作】 检查的情况应当制作检查笔录，由检查人、被检查人和见证人签名或者盖章；被检查人拒绝签名的，人民警察应当在笔录上注明。

第八十九条 【关于扣押物品的规定】 公安机关办理治安案件，对与案件有关的需要作为证据的物品，可以扣押；对被侵害人或者善意第三人合法占有的财产，不得扣押，应当予以登记。对与案件无关的物品，不得扣押。

对扣押的物品，应当会同在场见证人和被扣押物品持有人查点清楚，当场开列清单一式二份，由调查人员、见证人和持有人签名或者盖章，一份交给持有人，另一份附卷备查。

对扣押的物品，应当妥善保管，不得挪作他用；对不宜长期保存的物品，按照有关规定处理。经查明与案件无关的，应当及时退还；经核实属于他人合法财产的，应当登记后立即退还；满六个月无人对该财产主张权利或者无法查清权利人的，应当公开拍卖或者按照国家有关规定处理，所得款项上缴国库。

第九十条 【关于鉴定的规定】 为了查明案情，需要解决案件中有争议的专门性问题的，应当指派或者聘请具有专门知识的人员进行鉴定；鉴定人鉴定后，应当写出鉴定意见，并且签名。

第二节　决　　定

第九十一条　【处罚的决定机关】治安管理处罚由县级以上人民政府公安机关决定；其中警告、五百元以下的罚款可以由公安派出所决定。

第九十二条　【行政拘留的折抵】对决定给予行政拘留处罚的人，在处罚前已经采取强制措施限制人身自由的时间，应当折抵。限制人身自由一日，折抵行政拘留一日。

第九十三条　【违反治安管理行为人的陈述与其他证据的关系】公安机关查处治安案件，对没有本人陈述，但其他证据能够证明案件事实的，可以作出治安管理处罚决定。但是，只有本人陈述，没有其他证据证明的，不能作出治安管理处罚决定。

第九十四条　【陈述与申辩权】公安机关作出治安管理处罚决定前，应当告知违反治安管理行为人作出治安管理处罚的事实、理由及依据，并告知违反治安管理行为人依法享有的权利。

违反治安管理行为人有权陈述和申辩。公安机关必须充分听取违反治安管理行为人的意见，对违反治安管理行为人提出的事实、理由和证据，应当进行复核；违反治安管理行为人提出的事实、理由或者证据成立的，公安机关应当采纳。

公安机关不得因违反治安管理行为人的陈述、申辩而加重处罚。

第九十五条　【治安案件的处理】治安案件调查结束后，公安机关应当根据不同情况，分别作出以下处理：

（一）确有依法应当给予治安管理处罚的违法行为的，根据情节轻重及具体情况，作出处罚决定；

（二）依法不予处罚的，或者违法事实不能成立的，作出不予处罚决定；

（三）违法行为已涉嫌犯罪的，移送主管机关依法追究刑事责任；

（四）发现违反治安管理行为人有其他违法行为的，在对违反治安管理行为作出处罚决定的同时，通知有关行政主管部门处理。

第九十六条 【治安管理处罚决定书的内容】公安机关作出治安管理处罚决定的，应当制作治安管理处罚决定书。决定书应当载明下列内容：

（一）被处罚人的姓名、性别、年龄、身份证件的名称和号码、住址；

（二）违法事实和证据；

（三）处罚的种类和依据；

（四）处罚的执行方式和期限；

（五）对处罚决定不服，申请行政复议、提起行政诉讼的途径和期限；

（六）作出处罚决定的公安机关的名称和作出决定的日期。

决定书应当由作出处罚决定的公安机关加盖印章。

第九十七条 【宣告、送达、抄送】公安机关应当向被处罚人宣告治安管理处罚决定书，并当场交付被处罚人；无法当场向被处罚人宣告的，应当在二日内送达被处罚人。决定给予行政拘留处罚的，应当及时通知被处罚人的家属。

有被侵害人的，公安机关应当将决定书副本抄送被侵害人。

第九十八条 【听证】公安机关作出吊销许可证以及处二千元以上罚款的治安管理处罚决定前，应当告知违反治安管理行为人有权要求举行听证；违反治安管理行为人要求听证的，公安机关应当及时依法举行听证。

第九十九条 【期限】公安机关办理治安案件的期限，自受理之日起不得超过三十日；案情重大、复杂的，经上一级公安机关批准，可以延长三十日。

为了查明案情进行鉴定的期间，不计入办理治安案件的期限。

第一百条 【当场处罚】违反治安管理行为事实清楚，证据确凿，处警告或者二百元以下罚款的，可以当场作出治安管理处罚决定。

第一百零一条 【当场处罚决定程序】当场作出治安管理处罚决定的，人民警察应当向违反治安管理行为人出示工作证件，并填写处罚决定书。处罚决定书应当当场交付被处罚人；有被侵害人的，并将决定书副本抄送被侵害人。

前款规定的处罚决定书，应当载明被处罚人的姓名、违法行为、处罚依据、罚款数额、时间、地点以及公安机关名称，并由经办的人民警察签名或者盖章。

当场作出治安管理处罚决定的，经办的人民警察应当在二十四小时内报所属公安机关备案。

第一百零二条 【不服处罚提起的复议或诉讼】被处罚人对治安管理处罚决定不服的，可以依法申请行政复议或者提起行政诉讼。

第三节 执 行

第一百零三条 【行政拘留处罚的执行】对被决定给予行政拘留处罚的人，由作出决定的公安机关送达拘留所执行。

第一百零四条 【当场收缴罚款范围】受到罚款处罚的人应当自收到处罚决定书之日起十五日内，到指定的银行缴纳罚款。但是，有下列情形之一的，人民警察可以当场收缴罚款：

（一）被处五十元以下罚款，被处罚人对罚款无异议的；

（二）在边远、水上、交通不便地区，公安机关及其人民警察依照本法的规定作出罚款决定后，被处罚人向指定的银行缴纳罚款确有困难，经被处罚人提出的；

（三）被处罚人在当地没有固定住所，不当场收缴事后难以执行的。

第一百零五条 【罚款交纳期限】人民警察当场收缴的罚款，应当自收缴罚款之日起二日内，交至所属的公安机关；在水上、旅客列车上当场收缴的罚款，应当自抵岸或者到站之日起二日内，交至所属的公安机关；公安机关应当自收到罚款之日起二日内将罚款缴付指定的银行。

第一百零六条 【罚款收据】人民警察当场收缴罚款的，应当向被处罚人出具省、自治区、直辖市人民政府财政部门统一制发的罚款收据；不出具统一制发的罚款收据的，被处罚人有权拒绝缴纳罚款。

第一百零七条 【暂缓执行行政拘留】被处罚人不服行政拘留处罚决定，申请行政复议、提起行政诉讼的，可以向公安机关提出暂缓执行行政拘留的申请。公安机关认为暂缓执行行政拘留不致发生社会危险的，由被处罚人或者其近亲属提出符合本法第一百零八条规定条件的担保人，或者按每日行政拘留二百元的标准交纳保证金，行政拘留的处罚决定暂缓执行。

第一百零八条 【担保人的条件】担保人应当符合下列条件：

（一）与本案无牵连；

（二）享有政治权利，人身自由未受到限制；

（三）在当地有常住户口和固定住所；

（四）有能力履行担保义务。

第一百零九条 【担保人的义务】担保人应当保证被担保人不逃避行政拘留处罚的执行。

担保人不履行担保义务，致使被担保人逃避行政拘留处罚的执行的，由公安机关对其处三千元以下罚款。

第一百一十条 【没收保证金】被决定给予行政拘留处罚的人交纳保证金，暂缓行政拘留后，逃避行政拘留处罚的执行的，保证金予以没收并上缴国库，已经作出的行政拘留决定仍应执行。

第一百一十一条 【退还保证金】行政拘留的处罚决定被撤销，或者行政拘留处罚开始执行的，公安机关收取的保证金应当及时退还交纳人。

第五章 执 法 监 督

第一百一十二条 【执法原则】公安机关及其人民警察应当依法、

公正、严格、高效办理治安案件，文明执法，不得徇私舞弊。

第一百一十三条　【禁止行为】公安机关及其人民警察办理治安案件，禁止对违反治安管理行为人打骂、虐待或者侮辱。

第一百一十四条　【社会监督】公安机关及其人民警察办理治安案件，应当自觉接受社会和公民的监督。

公安机关及其人民警察办理治安案件，不严格执法或者有违法违纪行为的，任何单位和个人都有权向公安机关或者人民检察院、行政监察机关检举、控告；收到检举、控告的机关，应当依据职责及时处理。

第一百一十五条　【罚缴分离原则】公安机关依法实施罚款处罚，应当依照有关法律、行政法规的规定，实行罚款决定与罚款收缴分离；收缴的罚款应当全部上缴国库。

第一百一十六条　【公安机关及其民警的行政责任和刑事责任】人民警察办理治安案件，有下列行为之一的，依法给予行政处分；构成犯罪的，依法追究刑事责任：

（一）刑讯逼供、体罚、虐待、侮辱他人的；

（二）超过询问查证的时间限制人身自由的；

（三）不执行罚款决定与罚款收缴分离制度或者不按规定将罚没的财物上缴国库或者依法处理的；

（四）私分、侵占、挪用、故意损毁收缴、扣押的财物的；

（五）违反规定使用或者不及时返还被侵害人财物的；

（六）违反规定不及时退还保证金的；

（七）利用职务上的便利收受他人财物或者谋取其他利益的；

（八）当场收缴罚款不出具罚款收据或者不如实填写罚款数额的；

（九）接到要求制止违反治安管理行为的报警后，不及时出警的；

（十）在查处违反治安管理活动时，为违法犯罪行为人通风报信的；

（十一）有徇私舞弊、滥用职权，不依法履行法定职责的其他情形的。

办理治安案件的公安机关有前款所列行为的，对直接负责的主管人员和其他直接责任人员给予相应的行政处分。

第一百一十七条 【赔偿责任】公安机关及其人民警察违法行使职权，侵犯公民、法人和其他组织合法权益的，应当赔礼道歉；造成损害的，应当依法承担赔偿责任。

第六章 附　　则

第一百一十八条 【"以上、以下、以内"的含义】本法所称以上、以下、以内，包括本数。

第一百一十九条 【生效日期】本法自 2006 年 3 月 1 日起施行。1986 年 9 月 5 日公布、1994 年 5 月 12 日修订公布的《中华人民共和国治安管理处罚条例》同时废止。

行政执法机关移送涉嫌犯罪案件的规定

· 2001 年 7 月 9 日中华人民共和国国务院令第 310 号公布
· 根据 2020 年 8 月 7 日《国务院关于修改〈行政执法机关移送涉嫌犯罪案件的规定〉的决定》修订

第一条　为了保证行政执法机关向公安机关及时移送涉嫌犯罪案件，依法惩罚破坏社会主义市场经济秩序罪、妨害社会管理秩序罪以及其他罪，保障社会主义建设事业顺利进行，制定本规定。

第二条　本规定所称行政执法机关，是指依照法律、法规或者规章的规定，对破坏社会主义市场经济秩序、妨害社会管理秩序以及其他违法行为具有行政处罚权的行政机关，以及法律、法规授权的具有管理公共事务职能、在法定授权范围内实施行政处罚的组织。

第三条　行政执法机关在依法查处违法行为过程中，发现违法事实涉及的金额、违法事实的情节、违法事实造成的后果等，根据刑法关于破坏社会主义市场经济秩序罪、妨害社会管理秩序罪等罪的规定和最高人民法院、最高人民检察院关于破坏社会主义市场经济秩序罪、妨害社会管理秩序罪等罪的司法解释以及最高人民检察院、公安部关于经济犯罪案件的追诉标准等规定，涉嫌构成犯罪，依法需要追究刑事责任的，必须依照本规定向公安机关移送。

知识产权领域的违法案件，行政执法机关根据调查收集的证据和查明的案件事实，认为存在犯罪的合理嫌疑，需要公安机关采取措施进一步获取证据以判断是否达到刑事案件立案追诉标准的，应当向公安机关移送。

第四条 行政执法机关在查处违法行为过程中，必须妥善保存所收集的与违法行为有关的证据。

行政执法机关对查获的涉案物品，应当如实填写涉案物品清单，并按照国家有关规定予以处理。对易腐烂、变质等不宜或者不易保管的涉案物品，应当采取必要措施，留取证据；对需要进行检验、鉴定的涉案物品，应当由法定检验、鉴定机构进行检验、鉴定，并出具检验报告或者鉴定结论。

第五条 行政执法机关对应当向公安机关移送的涉嫌犯罪案件，应当立即指定 2 名或者 2 名以上行政执法人员组成专案组专门负责，核实情况后提出移送涉嫌犯罪案件的书面报告，报经本机关正职负责人或者主持工作的负责人审批。

行政执法机关正职负责人或者主持工作的负责人应当自接到报告之日起 3 日内作出批准移送或者不批准移送的决定。决定批准的，应当在 24 小时内向同级公安机关移送；决定不批准的，应当将不予批准的理由记录在案。

第六条 行政执法机关向公安机关移送涉嫌犯罪案件，应当附有下列材料：

（一）涉嫌犯罪案件移送书；

（二）涉嫌犯罪案件情况的调查报告；

（三）涉案物品清单；

（四）有关检验报告或者鉴定结论；

（五）其他有关涉嫌犯罪的材料。

第七条　公安机关对行政执法机关移送的涉嫌犯罪案件，应当在涉嫌犯罪案件移送书的回执上签字；其中，不属于本机关管辖的，应当在24小时内转送有管辖权的机关，并书面告知移送案件的行政执法机关。

第八条　公安机关应当自接受行政执法机关移送的涉嫌犯罪案件之日起3日内，依照刑法、刑事诉讼法以及最高人民法院、最高人民检察院关于立案标准和公安部关于公安机关办理刑事案件程序的规定，对所移送的案件进行审查。认为有犯罪事实，需要追究刑事责任，依法决定立案的，应当书面通知移送案件的行政执法机关；认为没有犯罪事实，或者犯罪事实显著轻微，不需要追究刑事责任，依法不予立案的，应当说明理由，并书面通知移送案件的行政执法机关，相应退回案卷材料。

第九条　行政执法机关接到公安机关不予立案的通知书后，认为依法应当由公安机关决定立案的，可以自接到不予立案通知书之日起3日内，提请作出不予立案决定的公安机关复议，也可以建议人民检察院依法进行立案监督。

作出不予立案决定的公安机关应当自收到行政执法机关提请复议的文件之日起3日内作出立案或者不予立案的决定，并书面通知移送案件的行政执法机关。移送案件的行政执法机关对公安机关不予立案的复议决定仍有异议的，应当自收到复议决定通知书之日起3日内建议人民检察院依法进行立案监督。

公安机关应当接受人民检察院依法进行的立案监督。

第十条　行政执法机关对公安机关决定不予立案的案件，应当依法作出处理；其中，依照有关法律、法规或者规章的规定应当给予行政处罚的，应当依法实施行政处罚。

第十一条　行政执法机关对应当向公安机关移送的涉嫌犯罪案件，不得以行政处罚代替移送。

行政执法机关向公安机关移送涉嫌犯罪案件前已经作出的警告，责令停产停业，暂扣或者吊销许可证、暂扣或者吊销执照的行政处罚决定，不停止执行。

依照行政处罚法的规定，行政执法机关向公安机关移送涉嫌犯罪案件前，已经依法给予当事人罚款的，人民法院判处罚金时，依法折抵相应罚金。

第十二条　行政执法机关对公安机关决定立案的案件，应当自接到立案通知书之日起 3 日内将涉案物品以及与案件有关的其他材料移交公安机关，并办结交接手续；法律、行政法规另有规定的，依照其规定。

第十三条　公安机关对发现的违法行为，经审查，没有犯罪事实，或者立案侦查后认为犯罪事实显著轻微，不需要追究刑事责任，但依法应当追究行政责任的，应当及时将案件移送同级行政执法机关，有关行政执法机关应当依法作出处理。

第十四条　行政执法机关移送涉嫌犯罪案件，应当接受人民检察院和监察机关依法实施的监督。

任何单位和个人对行政执法机关违反本规定，应当向公安机关移送涉嫌犯罪案件而不移送的，有权向人民检察院、监察机关或者上级行政执法机关举报。

第十五条　行政执法机关违反本规定，隐匿、私分、销毁涉案物品的，由本级或者上级人民政府，或者实行垂直管理的上级行政执法机关，对其正职负责人根据情节轻重，给予降级以上的处分；构成犯罪的，依法追究刑事责任。

对前款所列行为直接负责的主管人员和其他直接责任人员，比照前款的规定给予处分；构成犯罪的，依法追究刑事责任。

第十六条　行政执法机关违反本规定，逾期不将案件移送公安机关的，由本级或者上级人民政府，或者实行垂直管理的上级行政执法机关，责令限期移送，并对其正职负责人或者主持工作的负责人根据情节轻重，给予记过以上的处分；构成犯罪的，依法追究刑事责任。

行政执法机关违反本规定，对应当向公安机关移送的案件不移送，或者以行政处罚代替移送的，由本级或者上级人民政府，或者实行垂直管理的上级行政执法机关，责令改正，给予通报；拒不改正的，对其正职负责人或者主持工作的负责人给予记过以上的处分；构成犯罪的，依法追究刑事责任。

对本条第一款、第二款所列行为直接负责的主管人员和其他直接责任人员，分别比照前两款的规定给予处分；构成犯罪的，依法追究刑事责任。

第十七条 公安机关违反本规定，不接受行政执法机关移送的涉嫌犯罪案件，或者逾期不作出立案或者不予立案的决定的，除由人民检察院依法实施立案监督外，由本级或者上级人民政府责令改正，对其正职负责人根据情节轻重，给予记过以上的处分；构成犯罪的，依法追究刑事责任。

对前款所列行为直接负责的主管人员和其他直接责任人员，比照前款的规定给予处分；构成犯罪的，依法追究刑事责任。

第十八条 有关机关存在本规定第十五条、第十六条、第十七条所列违法行为，需要由监察机关依法给予违法的公职人员政务处分的，该机关及其上级主管机关或者有关人民政府应当依照有关规定将相关案件线索移送监察机关处理。

第十九条 行政执法机关在依法查处违法行为过程中，发现公职人员有贪污贿赂、失职渎职或者利用职权侵犯公民人身权利和民主权利等违法行为，涉嫌构成职务犯罪的，应当依照刑法、刑事诉讼法、监察法等法律规定及时将案件线索移送监察机关或者人民检察院处理。

第二十条 本规定自公布之日起施行。

罚款决定与罚款收缴分离实施办法

· 1997 年 11 月 17 日中华人民共和国国务院令第 235 号发布

· 自 1998 年 1 月 1 日起施行

第一条 为了实施罚款决定与罚款收缴分离，加强对罚款收缴活动的监督，保证罚款及时上缴国库，根据《中华人民共和国行政处罚法》（以下简称行政处罚法）的规定，制定本办法。

第二条 罚款的收取、缴纳及相关活动，适用本办法。

第三条 作出罚款决定的行政机关应当与收缴罚款的机构分离；但是，依照行政处罚法的规定可以当场收缴罚款的除外。

第四条 罚款必须全部上缴国库，任何行政机关、组织或者个人不得以任何形式截留、私分或者变相私分。

行政机关执法所需经费的拨付，按照国家有关规定执行。

第五条 经中国人民银行批准有代理收付款项业务的商业银行、信用合作社（以下简称代收机构），可以开办代收罚款的业务。

具体代收机构由县级以上地方人民政府组织本级财政部门、中国人民银行当地分支机构和依法具有行政处罚权的行政机关共同研究，统一确定。海关、外汇管理等实行垂直领导的依法具有行政处罚权的行政机关作出罚款决定的，具体代收机构由财政部、中国人民银行会同国务院有关部门确定。依法具有行政处罚权的国务院有关部门作出罚款决定的，具体代收机构由财政部、中国人民银行确定。

代收机构应当具备足够的代收网点，以方便当事人缴纳罚款。

第六条 行政机关应当依照本办法和国家有关规定，同代收机构签订代收罚款协议。

代收罚款协议应当包括下列事项：

（一）行政机关、代收机构名称；

（二）具体代收网点；

（三）代收机构上缴罚款的预算科目、预算级次；

（四）代收机构告知行政机关代收罚款情况的方式、期限；

（五）需要明确的其他事项。

自代收罚款协议签订之日起 15 日内，行政机关应当将代收罚款协议报上一级行政机关和同级财政部门备案；代收机构应当将代收罚款协议报中国人民银行或者其当地分支机构备案。

第七条　行政机关作出罚款决定的行政处罚决定书应当载明代收机构的名称、地址和当事人应当缴纳罚款的数额、期限等，并明确对当事人逾期缴纳罚款是否加处罚款。

当事人应当按照行政处罚决定书确定的罚款数额、期限，到指定的代收机构缴纳罚款。

第八条　代收机构代收罚款，应当向当事人出具罚款收据。

罚款收据的格式和印制，由财政部规定。

第九条　当事人逾期缴纳罚款，行政处罚决定书明确需要加处罚款的，代收机构应当按照行政处罚决定书加收罚款。

当事人对加收罚款有异议的，应当先缴纳罚款和加收的罚款，再依法向作出行政处罚决定的行政机关申请复议。

第十条　代收机构应当按照代收罚款协议规定的方式、期限，将当事人的姓名或者名称、缴纳罚款的数额、时间等情况书面告知作出行政处罚决定的行政机关。

第十一条　代收机构应当按照行政处罚法和国家有关规定，将代收的罚款直接上缴国库。

第十二条　国库应当按照《中华人民共和国国家金库条例》的规定，定期同财政部门和行政机关对账，以保证收受的罚款和上缴国库的罚款数额一致。

第十三条　代收机构应当在代收网点、营业时间、服务设施、缴款手续等方面为当事人缴纳罚款提供方便。

第十四条 财政部门应当向代收机构支付手续费，具体标准由财政部制定。

第十五条 法律、法规授权的具有管理公共事务职能的组织和依法受委托的组织依法作出的罚款决定与罚款收缴，适用本办法。

第十六条 本办法由财政部会同中国人民银行组织实施。

第十七条 本办法自 1998 年 1 月 1 日起施行。

市场监督管理行政处罚信息公示规定

· 2021 年 7 月 22 日市场监管总局第 11 次局务会议审议通过
· 2021 年 7 月 30 日国家市场监督管理总局令第 45 号公布
· 自 2021 年 9 月 1 日起施行

第一条 为了加快构建以信用为基础的新型市场监管机制，强化市场主体信用监管，促进社会共治，维护公平竞争的市场秩序，根据相关法律、行政法规以及国务院有关规定，制定本规定。

第二条 市场监督管理部门对适用普通程序作出行政处罚决定的相关信息，应当记录于国家企业信用信息公示系统，并向社会公示。

仅受到警告行政处罚的不予公示。法律、行政法规另有规定的除外。

依法登记的市场主体的行政处罚公示信息应当记于市场主体名下。

第三条 市场监督管理部门公示行政处罚信息，应当遵循合法、客观、及时、规范的原则。

第四条 依照本规定第二条公示的行政处罚信息主要包括行政处罚决定书和行政处罚信息摘要。

市场监督管理部门应当严格依照国家市场监督管理总局的有关规定

制作行政处罚决定书，并制作行政处罚信息摘要附于行政处罚决定书之前。

行政处罚信息摘要的内容包括：行政处罚决定书文号、行政处罚当事人基本情况、违法行为类型、行政处罚内容、作出行政处罚决定的行政机关名称和日期。

第五条　市场监督管理部门应当依照《中华人民共和国保守国家秘密法》以及其他法律法规的有关规定，建立健全行政处罚信息保密审查机制。公示的行政处罚信息不得泄露国家秘密，不得危及国家安全、公共安全、经济安全和社会稳定。

第六条　市场监督管理部门公示行政处罚信息，应当遵守法律法规关于商业秘密和个人信息保护的有关规定，对信息进行必要的处理。

第七条　市场监督管理部门公示的行政处罚决定书，除依照本规定第六条的要求进行处理的以外，内容应当与送达行政处罚当事人的行政处罚决定书一致。

第八条　对于应当公示的行政处罚决定，在送达行政处罚决定书时，市场监督管理部门应当书面告知行政处罚当事人行政处罚信息将向社会进行公示。

第九条　作出行政处罚决定的市场监督管理部门和行政处罚当事人登记地（住所地）在同一省、自治区、直辖市的，作出行政处罚决定的市场监督管理部门应当自作出行政处罚决定之日起二十个工作日内将行政处罚信息通过国家企业信用信息公示系统进行公示。

第十条　作出行政处罚决定的市场监督管理部门和行政处罚当事人登记地（住所地）不在同一省、自治区、直辖市的，作出行政处罚决定的市场监督管理部门应当自作出行政处罚决定之日起十个工作日内通过本省、自治区、直辖市市场监督管理部门将行政处罚信息推送至当事人登记地（住所地）市场监督管理部门，由其协助在收到行政处罚信息之日起十个工作日内将行政处罚信息通过国家企业信用信息公示系统进行公示。

第十一条　行政处罚决定被依法变更、撤销、确认违法或者确认无效的，市场监督管理部门应当在三个工作日内撤回行政处罚公示信息并说明理由。

第十二条　市场监督管理部门发现其公示的行政处罚信息不准确的，应当及时更正。公民、法人或者其他组织有证据证明市场监督管理部门公示的行政处罚信息不准确的，有权要求该市场监督管理部门予以更正。

第十三条　仅受到通报批评或者较低数额罚款的行政处罚信息自公示之日起届满三个月的，停止公示。其他行政处罚信息自公示之日起届满三年的，停止公示。

前款所称较低数额罚款由省级以上市场监督管理部门结合工作实际规定。

依照法律法规被限制开展生产经营活动、限制从业超过三年的，公示期按照实际限制期限执行。

第十四条　行政处罚信息公示达到规定时限要求，且同时符合以下条件的，可以向作出行政处罚决定的市场监督管理部门申请提前停止公示：

（一）已经自觉履行行政处罚决定中规定的义务；

（二）已经主动消除危害后果和不良影响；

（三）未因同一类违法行为再次受到市场监督管理部门行政处罚；

（四）未在经营异常名录和严重违法失信名单中。

前款所称时限要求和提前停止公示的具体实施办法由国家市场监督管理总局另行规定。

当事人受到责令停产停业、限制开展生产经营活动、限制从业、降低资质等级、吊销许可证件、吊销营业执照以及国家市场监督管理总局规定的其他较为严重行政处罚的，不得提前停止公示。

第十五条　各省、自治区、直辖市市场监督管理部门应当按照本规定及时完善国家企业信用信息公示系统，提供操作便捷的检索、查阅方式，方便公众检索、查阅行政处罚信息。

第十六条　市场监督管理部门应当严格履行行政处罚信息公示职责，按照"谁办案、谁录入、谁负责"的原则建立健全行政处罚信息公示内部审核和管理制度。办案机构应当及时准确录入行政处罚信息。负责企业信用信息公示工作的机构应当加强行政处罚信息公示的日常管理。

第十七条　国家市场监督管理总局负责指导和监督地方市场监督管理部门行政处罚信息公示工作，制定国家企业信用信息公示系统公示行政处罚信息的有关标准规范和技术要求。

各省、自治区、直辖市市场监督管理部门负责组织、指导、监督辖区内各级市场监督管理部门行政处罚信息公示工作，并可以根据本规定结合工作实际制定实施细则。

第十八条　国务院药品监督管理部门和省级药品监督管理部门实施行政处罚信息公示，适用本规定。

第十九条　本规定自 2021 年 9 月 1 日起施行。2014 年 8 月 19 日原国家工商行政管理总局令第 71 号公布的《工商行政管理行政处罚信息公示暂行规定》同时废止。

市场监督管理行政处罚程序规定

· 2018 年 12 月 21 日国家市场监督管理总局令第 2 号公布
· 根据 2021 年 7 月 2 日国家市场监督管理总局令第 42 号《国家市场监督管理总局关于修改〈市场监督管理行政处罚程序暂行规定〉等二部规章的决定》第一次修正
· 根据 2022 年 9 月 29 日国家市场监督管理总局令第 61 号《国家市场监督管理总局关于修改和废止部分部门规章的决定》第二次修正

第一章　总　　则

第一条　为了规范市场监督管理行政处罚程序，保障市场监督管理部门依法实施行政处罚，保护自然人、法人和其他组织的合法权益，根据《中华人民共和国行政处罚法》《中华人民共和国行政强制法》等法律、行政法规，制定本规定。

第二条 市场监督管理部门实施行政处罚，适用本规定。

第三条 市场监督管理部门实施行政处罚，应当遵循公正、公开的原则，坚持处罚与教育相结合，做到事实清楚、证据确凿、适用依据正确、程序合法、处罚适当。

第四条 市场监督管理部门实施行政处罚实行回避制度。参与案件办理的有关人员与案件有直接利害关系或者有其他关系可能影响公正执法的，应当回避。市场监督管理部门主要负责人的回避，由市场监督管理部门负责人集体讨论决定；市场监督管理部门其他负责人的回避，由市场监督管理部门主要负责人决定；其他有关人员的回避，由市场监督管理部门负责人决定。

回避决定作出之前，不停止案件调查。

第五条 市场监督管理部门及参与案件办理的有关人员对实施行政处罚过程中知悉的国家秘密、商业秘密和个人隐私应当依法予以保密。

第六条 上级市场监督管理部门对下级市场监督管理部门实施行政处罚，应当加强监督。

各级市场监督管理部门对本部门内设机构及其派出机构、受委托组织实施行政处罚，应当加强监督。

第二章 管　辖

第七条 行政处罚由违法行为发生地的县级以上市场监督管理部门管辖。法律、行政法规、部门规章另有规定的，从其规定。

第八条 县级、设区的市级市场监督管理部门依职权管辖本辖区内发生的行政处罚案件。法律、法规、规章规定由省级以上市场监督管理部门管辖的，从其规定。

第九条 市场监督管理部门派出机构在本部门确定的权限范围内以

本部门的名义实施行政处罚，法律、法规授权以派出机构名义实施行政处罚的除外。

县级以上市场监督管理部门可以在法定权限内书面委托符合《中华人民共和国行政处罚法》规定条件的组织实施行政处罚。受委托组织在委托范围内，以委托行政机关名义实施行政处罚；不得再委托其他任何组织或者个人实施行政处罚。

委托书应当载明委托的具体事项、权限、期限等内容。委托行政机关和受委托组织应当将委托书向社会公布。

第十条　网络交易平台经营者和通过自建网站、其他网络服务销售商品或者提供服务的网络交易经营者的违法行为由其住所地县级以上市场监督管理部门管辖。

平台内经营者的违法行为由其实际经营地县级以上市场监督管理部门管辖。网络交易平台经营者住所地县级以上市场监督管理部门先行发现违法线索或者收到投诉、举报的，也可以进行管辖。

第十一条　对利用广播、电影、电视、报纸、期刊、互联网等大众传播媒介发布违法广告的行为实施行政处罚，由广告发布者所在地市场监督管理部门管辖。广告发布者所在地市场监督管理部门管辖异地广告主、广告经营者有困难的，可以将广告主、广告经营者的违法情况移送广告主、广告经营者所在地市场监督管理部门处理。

对于互联网广告违法行为，广告主所在地、广告经营者所在地市场监督管理部门先行发现违法线索或者收到投诉、举报的，也可以进行管辖。

对广告主自行发布违法互联网广告的行为实施行政处罚，由广告主所在地市场监督管理部门管辖。

第十二条　对当事人的同一违法行为，两个以上市场监督管理部门都有管辖权的，由最先立案的市场监督管理部门管辖。

第十三条　两个以上市场监督管理部门因管辖权发生争议的，应当自发生争议之日起七个工作日内协商解决，协商不成的，报请共同的上一级市场监督管理部门指定管辖；也可以直接由共同的上一级市场监督管理部门指定管辖。

第十四条 市场监督管理部门发现立案查处的案件不属于本部门管辖的，应当将案件移送有管辖权的市场监督管理部门。受移送的市场监督管理部门对管辖权有异议的，应当报请共同的上一级市场监督管理部门指定管辖，不得再自行移送。

第十五条 上级市场监督管理部门认为必要时，可以将本部门管辖的案件交由下级市场监督管理部门管辖。法律、法规、规章明确规定案件应当由上级市场监督管理部门管辖的，上级市场监督管理部门不得将案件交由下级市场监督管理部门管辖。

上级市场监督管理部门认为必要时，可以直接查处下级市场监督管理部门管辖的案件，也可以将下级市场监督管理部门管辖的案件指定其他下级市场监督管理部门管辖。

下级市场监督管理部门认为依法由其管辖的案件存在特殊原因，难以办理的，可以报请上一级市场监督管理部门管辖或者指定管辖。

第十六条 报请上一级市场监督管理部门管辖或者指定管辖的，上一级市场监督管理部门应当在收到报送材料之日起七个工作日内确定案件的管辖部门。

第十七条 市场监督管理部门发现立案查处的案件属于其他行政管理部门管辖的，应当及时依法移送其他有关部门。

市场监督管理部门发现违法行为涉嫌犯罪的，应当及时将案件移送司法机关，并对涉案物品以及与案件有关的其他材料依照有关规定办理交接手续。

第三章　行政处罚的普通程序

第十八条 市场监督管理部门对依据监督检查职权或者通过投诉、举报、其他部门移送、上级交办等途径发现的违法行为线索，应当自发现线索或者收到材料之日起十五个工作日内予以核查，由市场监督管理部门负责人决定是否立案；特殊情况下，经市场监督管理部门负责人批准，可以延长十五个工作日。法律、法规、规章另有规定的除外。

检测、检验、检疫、鉴定以及权利人辨认或者鉴别等所需时间，不计入前款规定期限。

第十九条　经核查，符合下列条件的，应当立案：

（一）有证据初步证明存在违反市场监督管理法律、法规、规章的行为；

（二）依据市场监督管理法律、法规、规章应当给予行政处罚；

（三）属于本部门管辖；

（四）在给予行政处罚的法定期限内。

决定立案的，应当填写立案审批表，由办案机构负责人指定两名以上具有行政执法资格的办案人员负责调查处理。

第二十条　经核查，有下列情形之一的，可以不予立案：

（一）违法行为轻微并及时改正，没有造成危害后果；

（二）初次违法且危害后果轻微并及时改正；

（三）当事人有证据足以证明没有主观过错，但法律、行政法规另有规定的除外；

（四）依法可以不予立案的其他情形。

决定不予立案的，应当填写不予立案审批表。

第二十一条　办案人员应当全面、客观、公正、及时进行案件调查，收集、调取证据，并依照法律、法规、规章的规定进行检查。

首次向当事人收集、调取证据的，应当告知其享有陈述权、申辩权以及申请回避的权利。

第二十二条　办案人员调查或者进行检查时不得少于两人，并应当主动向当事人或者有关人员出示执法证件。

第二十三条　办案人员应当依法收集证据。证据包括：

（一）书证；

（二）物证；

（三）视听资料；

（四）电子数据；

（五）证人证言；

（六）当事人的陈述；

（七）鉴定意见；

（八）勘验笔录、现场笔录。

立案前核查或者监督检查过程中依法取得的证据材料，可以作为案件的证据使用。

对于移送的案件，移送机关依职权调查收集的证据材料，可以作为案件的证据使用。

上述证据，应当符合法律、法规、规章关于证据的规定，并经查证属实，才能作为认定案件事实的根据。以非法手段取得的证据，不得作为认定案件事实的根据。

第二十四条 收集、调取的书证、物证应当是原件、原物。调取原件、原物有困难的，可以提取复制件、影印件或者抄录件，也可以拍摄或者制作足以反映原件、原物外形或者内容的照片、录像。复制件、影印件、抄录件和照片、录像由证据提供人核对无误后注明与原件、原物一致，并注明出证日期、证据出处，同时签名或者盖章。

第二十五条 收集、调取的视听资料应当是有关资料的原始载体。调取视听资料原始载体有困难的，可以提取复制件，并注明制作方法、制作时间、制作人等。声音资料应当附有该声音内容的文字记录。

第二十六条 收集、调取的电子数据应当是有关数据的原始载体。收集电子数据原始载体有困难的，可以采用拷贝复制、委托分析、书式固定、拍照录像等方式取证，并注明制作方法、制作时间、制作人等。

市场监督管理部门可以利用互联网信息系统或者设备收集、固定违法行为证据。用来收集、固定违法行为证据的互联网信息系统或者设备应当符合相关规定，保证所收集、固定电子数据的真实性、完整性。

市场监督管理部门可以指派或者聘请具有专门知识的人员，辅助办案人员对案件关联的电子数据进行调查取证。

市场监督管理部门依照法律、行政法规规定利用电子技术监控设备收集、固定违法事实的，依照《中华人民共和国行政处罚法》有关规定执行。

第二十七条　在中华人民共和国领域外形成的公文书证，应当经所在国公证机关证明，或者履行中华人民共和国与该所在国订立的有关条约中规定的证明手续。涉及身份关系的证据，应当经所在国公证机关证明，并经中华人民共和国驻该国使领馆认证，或者履行中华人民共和国与该所在国订立的有关条约中规定的证明手续。

在中华人民共和国香港特别行政区、澳门特别行政区和台湾地区形成的证据，应当履行相关的证明手续。

外文书证或者外国语视听资料等证据应当附有由具有翻译资质的机构翻译的或者其他翻译准确的中文译本，由翻译机构盖章或者翻译人员签名。

第二十八条　对有违法嫌疑的物品或者场所进行检查时，应当通知当事人到场。办案人员应当制作现场笔录，载明时间、地点、事件等内容，由办案人员、当事人签名或者盖章。

第二十九条　办案人员可以询问当事人及其他有关单位和个人。询问应当个别进行。询问应当制作笔录，询问笔录应当交被询问人核对；对阅读有困难的，应当向其宣读。笔录如有差错、遗漏，应当允许其更正或者补充。涂改部分应当由被询问人签名、盖章或者以其他方式确认。经核对无误后，由被询问人在笔录上逐页签名、盖章或者以其他方式确认。办案人员应当在笔录上签名。

第三十条　办案人员可以要求当事人及其他有关单位和个人在一定期限内提供证明材料或者与涉嫌违法行为有关的其他材料，并由材料提供人在有关材料上签名或者盖章。

市场监督管理部门在查处侵权假冒等案件过程中，可以要求权利人对涉案产品是否为权利人生产或者其许可生产的产品进行辨认，也可以要求其对有关事项进行鉴别。

第三十一条 市场监督管理部门抽样取证时，应当通知当事人到场。办案人员应当制作抽样记录，对样品加贴封条，开具清单，由办案人员、当事人在封条和相关记录上签名或者盖章。

通过网络、电话购买等方式抽样取证的，应当采取拍照、截屏、录音、录像等方式对交易过程、商品拆包查验及封样等过程进行记录。

法律、法规、规章或者国家有关规定对实施抽样机构的资质或者抽样方式有明确要求的，市场监督管理部门应当委托相关机构或者按照规定方式抽取样品。

第三十二条 为查明案情，需要对案件中专门事项进行检测、检验、检疫、鉴定的，市场监督管理部门应当委托具有法定资质的机构进行；没有法定资质机构的，可以委托其他具备条件的机构进行。检测、检验、检疫、鉴定结果应当告知当事人。

第三十三条 在证据可能灭失或者以后难以取得的情况下，市场监督管理部门可以对与涉嫌违法行为有关的证据采取先行登记保存措施。采取或者解除先行登记保存措施，应当经市场监督管理部门负责人批准。

情况紧急，需要当场采取先行登记保存措施的，办案人员应当在二十四小时内向市场监督管理部门负责人报告，并补办批准手续。市场监督管理部门负责人认为不应当采取先行登记保存措施的，应当立即解除。

第三十四条 先行登记保存有关证据，应当当场清点，开具清单，由当事人和办案人员签名或者盖章，交当事人一份，并当场交付先行登记保存证据通知书。

先行登记保存期间，当事人或者有关人员不得损毁、销毁或者转移证据。

第三十五条 对于先行登记保存的证据，应当在七个工作日内采取以下措施：

（一）根据情况及时采取记录、复制、拍照、录像等证据保全措施；

（二）需要检测、检验、检疫、鉴定的，送交检测、检验、检疫、鉴定；

（三）依据有关法律、法规规定可以采取查封、扣押等行政强制措施的，决定采取行政强制措施；

（四）违法事实成立，应当予以没收的，作出行政处罚决定，没收违法物品；

（五）违法事实不成立，或者违法事实成立但依法不应当予以查封、扣押或者没收的，决定解除先行登记保存措施。

逾期未采取相关措施的，先行登记保存措施自动解除。

第三十六条　市场监督管理部门可以依据法律、法规的规定采取查封、扣押等行政强制措施。采取或者解除行政强制措施，应当经市场监督管理部门负责人批准。

情况紧急，需要当场采取行政强制措施的，办案人员应当在二十四小时内向市场监督管理部门负责人报告，并补办批准手续。市场监督管理部门负责人认为不应当采取行政强制措施的，应当立即解除。

第三十七条　市场监督管理部门实施行政强制措施应当依照《中华人民共和国行政强制法》规定的程序进行，并当场交付实施行政强制措施决定书和清单。

第三十八条　查封、扣押的期限不得超过三十日；情况复杂的，经市场监督管理部门负责人批准，可以延长，但是延长期限不得超过三十日。法律、行政法规另有规定的除外。

延长查封、扣押的决定应当及时书面告知当事人，并说明理由。

对物品需要进行检测、检验、检疫、鉴定的，查封、扣押的期间不包括检测、检验、检疫、鉴定的期间。检测、检验、检疫、鉴定的期间应当明确，并书面告知当事人。

第三十九条　扣押当事人托运的物品，应当制作协助扣押通知书，通知有关单位协助办理，并书面通知当事人。

第四十条　对当事人家存或者寄存的涉嫌违法物品，需要扣押的，责令当事人取出；当事人拒绝取出的，应当会同当地有关部门或者单位将其取出，并办理扣押手续。

第四十一条 查封、扣押的场所、设施或者财物应当妥善保管，不得使用或者损毁；市场监督管理部门可以委托第三人保管，第三人不得损毁或者擅自转移、处置。

查封的场所、设施或者财物，应当加贴市场监督管理部门封条，任何人不得随意动用。

除法律、法规另有规定外，容易损毁、灭失、变质、保管困难或者保管费用过高、季节性商品等不宜长期保存的物品，在确定为罚没财物前，经权利人同意或者申请，并经市场监督管理部门负责人批准，在采取相关措施留存证据后，可以依法先行处置；权利人不明确的，可以依法公告，公告期满后仍没有权利人同意或者申请的，可以依法先行处置。先行处置所得款项按照涉案现金管理。

第四十二条 有下列情形之一的，市场监督管理部门应当及时作出解除查封、扣押决定：

（一）当事人没有违法行为；

（二）查封、扣押的场所、设施或者财物与违法行为无关；

（三）对违法行为已经作出处理决定，不再需要查封、扣押；

（四）查封、扣押期限已经届满；

（五）其他不再需要采取查封、扣押措施的情形。

解除查封、扣押应当立即退还财物，并由办案人员和当事人在财物清单上签名或者盖章。市场监督管理部门已将财物依法先行处置并有所得款项的，应当退还所得款项。先行处置明显不当，给当事人造成损失的，应当给予补偿。

当事人下落不明或者无法确定涉案物品所有人的，应当按照本规定第八十二条第五项规定的公告送达方式告知领取。公告期满仍无人领取的，经市场监督管理部门负责人批准，将涉案物品上缴或者依法拍卖后将所得款项上缴国库。

第四十三条　办案人员在调查取证过程中，无法通知当事人，当事人不到场或者拒绝接受调查，当事人拒绝签名、盖章或者以其他方式确认的，办案人员应当在笔录或者其他材料上注明情况，并采取录音、录像等方式记录，必要时可以邀请有关人员作为见证人。

第四十四条　进行现场检查、询问当事人及其他有关单位和个人、抽样取证、采取先行登记保存措施、实施查封或者扣押等行政强制措施时，按照有关规定采取拍照、录音、录像等方式记录现场情况。

第四十五条　市场监督管理部门在办理行政处罚案件时，确需有关机关或者其他市场监督管理部门协助调查取证的，应当出具协助调查函。

收到协助调查函的市场监督管理部门对属于本部门职权范围的协助事项应当予以协助，在接到协助调查函之日起十五个工作日内完成相关工作。需要延期完成的，应当在期限届满前告知提出协查请求的市场监督管理部门。

第四十六条　有下列情形之一的，经市场监督管理部门负责人批准，中止案件调查：

（一）行政处罚决定须以相关案件的裁判结果或者其他行政决定为依据，而相关案件尚未审结或者其他行政决定尚未作出的；

（二）涉及法律适用等问题，需要送请有权机关作出解释或者确认的；

（三）因不可抗力致使案件暂时无法调查的；

（四）因当事人下落不明致使案件暂时无法调查的；

（五）其他应当中止调查的情形。

中止调查的原因消除后，应当立即恢复案件调查。

第四十七条　因涉嫌违法的自然人死亡或者法人、其他组织终止，并且无权利义务承受人等原因，致使案件调查无法继续进行的，经市场监督管理部门负责人批准，案件终止调查。

第四十八条　案件调查终结，办案机构应当撰写调查终结报告。案件调查终结报告包括以下内容：

（一）当事人的基本情况；

（二）案件来源、调查经过及采取行政强制措施的情况；

（三）调查认定的事实及主要证据；

（四）违法行为性质；

（五）处理意见及依据；

（六）自由裁量的理由等其他需要说明的事项。

第四十九条 办案机构应当将调查终结报告连同案件材料，交由市场监督管理部门审核机构进行审核。

审核分为法制审核和案件审核。

办案人员不得作为审核人员。

第五十条 对情节复杂或者重大违法行为给予行政处罚的下列案件，在市场监督管理部门负责人作出行政处罚的决定之前，应当由从事行政处罚决定法制审核的人员进行法制审核；未经法制审核或者审核未通过的，不得作出决定：

（一）涉及重大公共利益的；

（二）直接关系当事人或者第三人重大权益，经过听证程序的；

（三）案件情况疑难复杂、涉及多个法律关系的；

（四）法律、法规规定应当进行法制审核的其他情形。

前款第二项规定的案件，在听证程序结束后进行法制审核。

县级以上市场监督管理部门可以对第一款的法制审核案件范围作出具体规定。

第五十一条 法制审核由市场监督管理部门法制机构或者其他机构负责实施。

市场监督管理部门中初次从事行政处罚决定法制审核的人员，应当通过国家统一法律职业资格考试取得法律职业资格。

第五十二条 除本规定第五十条第一款规定以外适用普通程序的案件，应当进行案件审核。

案件审核由市场监督管理部门办案机构或者其他机构负责实施。

市场监督管理部门派出机构以自己的名义实施行政处罚的案件，由派出机构负责案件审核。

第五十三条 审核的主要内容包括：

（一）是否具有管辖权；

（二）当事人的基本情况是否清楚；

（三）案件事实是否清楚、证据是否充分；

（四）定性是否准确；

（五）适用依据是否正确；

（六）程序是否合法；

（七）处理是否适当。

第五十四条 审核机构对案件进行审核，区别不同情况提出书面意见和建议：

（一）对事实清楚、证据充分、定性准确、适用依据正确、程序合法、处理适当的案件，同意案件处理意见；

（二）对定性不准、适用依据错误、程序不合法、处理不当的案件，建议纠正；

（三）对事实不清、证据不足的案件，建议补充调查；

（四）认为有必要提出的其他意见和建议。

第五十五条 审核机构应当自接到审核材料之日起十个工作日内完成审核。特殊情况下，经市场监督管理部门负责人批准可以延长。

第五十六条 审核机构完成审核并退回案件材料后，对于拟给予行政处罚的案件，办案机构应当将案件材料、行政处罚建议及审核意见报市场监督管理部门负责人批准，并依法履行告知等程序；对于建议给予其他行政处理的案件，办案机构应当将案件材料、审核意见报市场监督管理部门负责人审查决定。

第五十七条 拟给予行政处罚的案件，市场监督管理部门在作出行政处罚决定之前，应当书面告知当事人拟作出的行政处罚内容及事实、理由、依据，并告知当事人依法享有陈述权、申辩权。拟作出的行政处罚属于听证范围的，还应当告知当事人有要求听证的权利。法律、法规规定在行政处罚决定作出前需责令当事人退还多收价款的，一并告知拟责令退还的数额。

当事人自告知书送达之日起五个工作日内，未行使陈述、申辩权，未要求听证的，视为放弃此权利。

第五十八条 市场监督管理部门在告知当事人拟作出的行政处罚决定后，应当充分听取当事人的意见，对当事人提出的事实、理由和证据进行复核。当事人提出的事实、理由或者证据成立的，市场监督管理部门应当予以采纳，不得因当事人陈述、申辩或者要求听证而给予更重的行政处罚。

第五十九条 法律、法规要求责令当事人退还多收价款的，市场监督管理部门应当在听取当事人意见后作出行政处罚决定前，向当事人发出责令退款通知书，责令当事人限期退还。难以查找多付价款的消费者或者其他经营者的，责令公告查找。

第六十条 市场监督管理部门负责人经对案件调查终结报告、审核意见、当事人陈述和申辩意见或者听证报告等进行审查，根据不同情况，分别作出以下决定：

（一）确有依法应当给予行政处罚的违法行为的，根据情节轻重及具体情况，作出行政处罚决定；

（二）确有违法行为，但有依法不予行政处罚情形的，不予行政处罚；

（三）违法事实不能成立的，不予行政处罚；

（四）不属于市场监督管理部门管辖的，移送其他行政管理部门处理；

（五）违法行为涉嫌犯罪的，移送司法机关。

对本规定第五十条第一款规定的案件，拟给予行政处罚的，应当由市场监督管理部门负责人集体讨论决定。

第六十一条 对当事人的违法行为依法不予行政处罚的，市场监督管理部门应当对当事人进行教育。

第六十二条　市场监督管理部门作出行政处罚决定，应当制作行政处罚决定书，并加盖本部门印章。行政处罚决定书的内容包括：

（一）当事人的姓名或者名称、地址等基本情况；

（二）违反法律、法规、规章的事实和证据；

（三）当事人陈述、申辩的采纳情况及理由；

（四）行政处罚的内容和依据；

（五）行政处罚的履行方式和期限；

（六）申请行政复议、提起行政诉讼的途径和期限；

（七）作出行政处罚决定的市场监督管理部门的名称和作出决定的日期。

第六十三条　市场监督管理部门作出的具有一定社会影响的行政处罚决定应当按照有关规定向社会公开。

公开的行政处罚决定被依法变更、撤销、确认违法或者确认无效的，市场监督管理部门应当在三个工作日内撤回行政处罚决定信息并公开说明理由。

第六十四条　适用普通程序办理的案件应当自立案之日起九十日内作出处理决定。因案情复杂或者其他原因，不能在规定期限内作出处理决定的，经市场监督管理部门负责人批准，可以延长三十日。案情特别复杂或者有其他特殊情况，经延期仍不能作出处理决定的，应当由市场监督管理部门负责人集体讨论决定是否继续延期，决定继续延期的，应当同时确定延长的合理期限。

案件处理过程中，中止、听证、公告和检测、检验、检疫、鉴定、权利人辨认或者鉴别、责令退还多收价款等时间不计入前款所指的案件办理期限。

第六十五条　发生重大传染病疫情等突发事件，为了控制、减轻和消除突发事件引起的社会危害，市场监督管理部门对违反突发事件应对措施的行为，依法快速、从重处罚。

第四章　行政处罚的简易程序

第六十六条　违法事实确凿并有法定依据，对自然人处以二百元以下、对法人或者其他组织处以三千元以下罚款或者警告的行政处罚的，可以当场作出行政处罚决定。法律另有规定的，从其规定。

第六十七条　适用简易程序当场查处违法行为，办案人员应当向当事人出示执法证件，当场调查违法事实，收集必要的证据，填写预定格式、编有号码的行政处罚决定书。

行政处罚决定书应当由办案人员签名或者盖章，并当场交付当事人。当事人拒绝签收的，应当在行政处罚决定书上注明。

第六十八条　当场制作的行政处罚决定书应当载明当事人的基本情况、违法行为、行政处罚依据、处罚种类、罚款数额、缴款途径和期限、救济途径和期限、部门名称、时间、地点，并加盖市场监督管理部门印章。

第六十九条　办案人员在行政处罚决定作出前，应当告知当事人拟作出的行政处罚内容及事实、理由、依据，并告知当事人有权进行陈述和申辩。当事人进行陈述和申辩的，办案人员应当记入笔录。

第七十条　适用简易程序查处案件的有关材料，办案人员应当在作出行政处罚决定之日起七个工作日内交至所在的市场监督管理部门归档保存。

第五章　执行与结案

第七十一条　行政处罚决定依法作出后，当事人应当在行政处罚决定书载明的期限内予以履行。

当事人对行政处罚决定不服申请行政复议或者提起行政诉讼的，行政处罚不停止执行，法律另有规定的除外。

第七十二条　市场监督管理部门对当事人作出罚款、没收违法所得行政处罚的，当事人应当自收到行政处罚决定书之日起十五日内，通过指定银行或者电子支付系统缴纳罚没款。有下列情形之一的，可以由办案人员当场收缴罚款：

（一）当场处以一百元以下罚款的；

（二）当场对自然人处以二百元以下、对法人或者其他组织处以三千元以下罚款，不当场收缴事后难以执行的；

（三）在边远、水上、交通不便地区，当事人向指定银行或者通过电子支付系统缴纳罚款确有困难，经当事人提出的。

办案人员当场收缴罚款的，必须向当事人出具国务院财政部门或者省、自治区、直辖市财政部门统一制发的专用票据。

第七十三条 办案人员当场收缴的罚款，应当自收缴罚款之日起二个工作日内交至所在市场监督管理部门。在水上当场收缴的罚款，应当自抵岸之日起二个工作日内交至所在市场监督管理部门。市场监督管理部门应当在二个工作日内将罚款缴付指定银行。

第七十四条 当事人确有经济困难，需要延期或者分期缴纳罚款的，应当提出书面申请。经市场监督管理部门负责人批准，同意当事人暂缓或者分期缴纳罚款的，市场监督管理部门应当书面告知当事人暂缓或者分期的期限。

第七十五条 当事人逾期不缴纳罚款的，市场监督管理部门可以每日按罚款数额的百分之三加处罚款，加处罚款的数额不得超出罚款的数额。

第七十六条 当事人在法定期限内不申请行政复议或者提起行政诉讼，又不履行行政处罚决定，且在收到催告书十个工作日后仍不履行行政处罚决定的，市场监督管理部门可以在期限届满之日起三个月内依法申请人民法院强制执行。

市场监督管理部门批准延期、分期缴纳罚款的，申请人民法院强制执行的期限，自暂缓或者分期缴纳罚款期限结束之日起计算。

第七十七条 适用普通程序的案件有以下情形之一的，办案机构应当在十五个工作日内填写结案审批表，经市场监督管理部门负责人批准后，予以结案：

（一）行政处罚决定执行完毕的；

（二）人民法院裁定终结执行的；

（三）案件终止调查的；

（四）作出本规定第六十条第一款第二项至五项决定的；

（五）其他应予结案的情形。

第七十八条 结案后，办案人员应当将案件材料按照档案管理的有关规定立卷归档。案卷归档应当一案一卷、材料齐全、规范有序。

案卷可以分正卷、副卷。正卷按照下列顺序归档：

（一）立案审批表；

（二）行政处罚决定书及送达回证；

（三）对当事人制发的其他法律文书及送达回证；

（四）证据材料；

（五）听证笔录；

（六）财物处理单据；

（七）其他有关材料。

副卷按照下列顺序归档：

（一）案源材料；

（二）调查终结报告；

（三）审核意见；

（四）听证报告；

（五）结案审批表；

（六）其他有关材料。

案卷的保管和查阅，按照档案管理的有关规定执行。

第七十九条 市场监督管理部门应当依法以文字、音像等形式，对行政处罚的启动、调查取证、审核、决定、送达、执行等进行全过程记录，依照本规定第七十八条的规定归档保存。

第六章　期间、送达

第八十条　期间以时、日、月计算，期间开始的时或者日不计算在内。期间不包括在途时间。期间届满的最后一日为法定节假日的，以法定节假日后的第一日为期间届满的日期。

第八十一条　市场监督管理部门送达行政处罚决定书，应当在宣告后当场交付当事人。当事人不在场的，应当在七个工作日内按照本规定第八十二条、第八十三条的规定，将行政处罚决定书送达当事人。

第八十二条　市场监督管理部门送达执法文书，应当按照下列方式进行：

（一）直接送达的，由受送达人在送达回证上注明签收日期，并签名或者盖章，受送达人在送达回证上注明的签收日期为送达日期。受送达人是自然人的，本人不在时交其同住成年家属签收；受送达人是法人或者其他组织的，应当由法人的法定代表人、其他组织的主要负责人或者该法人、其他组织负责收件的人签收；受送达人有代理人的，可以送交其代理人签收；受送达人已向市场监督管理部门指定代收人的，送交代收人签收。受送达人的同住成年家属，法人或者其他组织负责收件的人，代理人或者代收人在送达回证上签收的日期为送达日期。

（二）受送达人或者其同住成年家属拒绝签收的，市场监督管理部门可以邀请有关基层组织或者所在单位的代表到场，说明情况，在送达回证上载明拒收事由和日期，由送达人、见证人签名或者以其他方式确认，将执法文书留在受送达人的住所；也可以将执法文书留在受送达人的住所，并采取拍照、录像等方式记录送达过程，即视为送达。

（三）经受送达人同意并签订送达地址确认书，可以采用手机短信、传真、电子邮件、即时通讯账号等能够确认其收悉的电子方式送达执法文书，市场监督管理部门应当通过拍照、截屏、录音、录像等方式予以记录，手机短信、传真、电子邮件、即时通讯信息等到达受送达人特定系统的日期为送达日期。

（四）直接送达有困难的，可以邮寄送达或者委托当地市场监督管理部门、转交其他部门代为送达。邮寄送达的，以回执上注明的收件日期为送达日期；委托、转交送达的，受送达人的签收日期为送达日期。

（五）受送达人下落不明或者采取上述方式无法送达的，可以在市场监督管理部门公告栏和受送达人住所地张贴公告，也可以在报纸或者市场监督管理部门门户网站等刊登公告。自公告发布之日起经过三十日，即视为送达。公告送达，应当在案件材料中载明原因和经过。在市场监督管理部门公告栏和受送达人住所地张贴公告的，应当采取拍照、录像等方式记录张贴过程。

第八十三条　市场监督管理部门可以要求受送达人签署送达地址确认书，送达至受送达人确认的地址，即视为送达。受送达人送达地址发生变更的，应当及时书面告知市场监督管理部门；未及时告知的，市场监督管理部门按原地址送达，视为依法送达。

因受送达人提供的送达地址不准确、送达地址变更未书面告知市场监督管理部门，导致执法文书未能被受送达人实际接收的，直接送达的，执法文书留在该地址之日为送达之日；邮寄送达的，执法文书被退回之日为送达之日。

第七章　附　　则

第八十四条　本规定中的"以上""以下""内"均包括本数。

第八十五条　国务院药品监督管理部门和省级药品监督管理部门实施行政处罚，适用本规定。

法律、法规授权的履行市场监督管理职能的组织实施行政处罚，适用本规定。

对违反《中华人民共和国反垄断法》规定的行为实施行政处罚的程序，按照国务院市场监督管理部门专项规定执行。专项规定未作规定的，参照本规定执行。

第八十六条　行政处罚文书格式范本，由国务院市场监督管理部门统一制定。各省级市场监督管理部门可以参照文书格式范本，制定本行政区域适用的行政处罚文书格式并自行印制。

第八十七条 本规定自 2019 年 4 月 1 日起施行。1996 年 9 月 18 日原国家技术监督局令第 45 号公布的《技术监督行政处罚委托实施办法》、2001 年 4 月 9 日原国家质量技术监督局令第 16 号公布的《质量技术监督罚没物品管理和处置办法》、2007 年 9 月 4 日原国家工商行政管理总局令第 28 号公布的《工商行政管理机关行政处罚程序规定》、2011 年 3 月 2 日原国家质量监督检验检疫总局令第 137 号公布的《质量技术监督行政处罚程序规定》、2011 年 3 月 2 日原国家质量监督检验检疫总局令第 138 号公布的《质量技术监督行政处罚案件审理规定》、2014 年 4 月 28 日原国家食品药品监督管理总局令第 3 号公布的《食品药品行政处罚程序规定》同时废止。

市场监督管理行政处罚听证办法

· 2018 年 12 月 21 日国家市场监督管理总局令第 3 号公布
· 根据 2021 年 7 月 2 日国家市场监督管理总局令第 42 号《国家市场监督管理总局关于修改〈市场监督管理行政处罚程序暂行规定〉等二部规章的决定》修正

第一章 总 则

第一条 为了规范市场监督管理行政处罚听证程序，保障市场监督管理部门依法实施行政处罚，保护自然人、法人和其他组织的合法权益，根据《中华人民共和国行政处罚法》的有关规定，制定本办法。

第二条 市场监督管理部门组织行政处罚听证，适用本办法。

第三条 市场监督管理部门组织行政处罚听证，应当遵循公开、公正、效率的原则，保障和便利当事人依法行使陈述权和申辩权。

第四条　市场监督管理部门行政处罚案件听证实行回避制度。听证主持人、听证员、记录员、翻译人员与案件有直接利害关系或者有其他关系可能影响公正执法的，应当回避。

听证员、记录员、翻译人员的回避，由听证主持人决定；听证主持人的回避，由市场监督管理部门负责人决定。

第二章　申请和受理

第五条　市场监督管理部门拟作出下列行政处罚决定，应当告知当事人有要求听证的权利：

（一）责令停产停业、责令关闭、限制从业；

（二）降低资质等级、吊销许可证件或者营业执照；

（三）对自然人处以一万元以上、对法人或者其他组织处以十万元以上罚款；

（四）对自然人、法人或者其他组织作出没收违法所得和非法财物价值总额达到第三项所列数额的行政处罚；

（五）其他较重的行政处罚；

（六）法律、法规、规章规定的其他情形。

各省、自治区、直辖市人大常委会或者人民政府对前款第三项、第四项所列罚没数额具体规定的，可以从其规定。

第六条　向当事人告知听证权利时，应当书面告知当事人拟作出的行政处罚内容及事实、理由、依据。

第七条　当事人要求听证的，可以在告知书送达回证上签署意见，也可以自收到告知书之日起五个工作日内提出。当事人以口头形式提出的，办案人员应当将情况记入笔录，并由当事人在笔录上签名或者盖章。

当事人自告知书送达之日起五个工作日内，未要求听证的，视为放弃此权利。

当事人在规定期限内要求听证的，市场监督管理部门应当依照本办法的规定组织听证。

第三章　听证组织机构、听证人员和听证参加人

第八条　听证由市场监督管理部门法制机构或者其他机构负责组织。

第九条　听证人员包括听证主持人、听证员和记录员。

第十条　听证参加人包括当事人及其代理人、第三人、办案人员、证人、翻译人员、鉴定人以及其他有关人员。

第十一条　听证主持人由市场监督管理部门负责人指定。必要时，可以设一至二名听证员，协助听证主持人进行听证。

记录员由听证主持人指定，具体承担听证准备和听证记录工作。

办案人员不得担任听证主持人、听证员和记录员。

第十二条　听证主持人在听证程序中行使下列职责：

（一）决定举行听证的时间、地点；

（二）审查听证参加人资格；

（三）主持听证；

（四）维持听证秩序；

（五）决定听证的中止或者终止，宣布听证结束；

（六）本办法赋予的其他职责。

听证主持人应当公开、公正地履行主持听证的职责，不得妨碍当事人、第三人行使陈述权、申辩权。

第十三条　要求听证的自然人、法人或者其他组织是听证的当事人。

第十四条　与听证案件有利害关系的其他自然人、法人或者其他组织，可以作为第三人申请参加听证，或者由听证主持人通知其参加听证。

第十五条　当事人、第三人可以委托一至二人代为参加听证。

委托他人代为参加听证的，应当向市场监督管理部门提交由委托人签名或者盖章的授权委托书以及委托代理人的身份证明文件。

授权委托书应当载明委托事项及权限。委托代理人代为撤回听证申请或者明确放弃听证权利的，必须有委托人的明确授权。

第十六条　办案人员应当参加听证。

第十七条　与听证案件有关的证人、鉴定人等经听证主持人同意，可以到场参加听证。

第四章　听证准备

第十八条　市场监督管理部门应当自收到当事人要求听证的申请之日起三个工作日内，确定听证主持人。

第十九条　办案人员应当自确定听证主持人之日起三个工作日内，将案件材料移交听证主持人，由听证主持人审阅案件材料，准备听证提纲。

第二十条　听证主持人应当自接到办案人员移交的案件材料之日起五个工作日内确定听证的时间、地点，并应当于举行听证的七个工作日前将听证通知书送达当事人。

听证通知书中应当载明听证时间、听证地点及听证主持人、听证员、记录员、翻译人员的姓名，并告知当事人有申请回避的权利。

第三人参加听证的，听证主持人应当在举行听证的七个工作日前将听证的时间、地点通知第三人。

第二十一条　听证主持人应当于举行听证的七个工作日前将听证的时间、地点通知办案人员，并退回案件材料。

第二十二条　除涉及国家秘密、商业秘密或者个人隐私依法予以保密外，听证应当公开举行。

公开举行听证的，市场监督管理部门应当于举行听证的三个工作日前公告当事人的姓名或者名称、案由以及举行听证的时间、地点。

第五章　举行听证

第二十三条　听证开始前，记录员应当查明听证参加人是否到场，并向到场人员宣布以下听证纪律：

（一）服从听证主持人的指挥，未经听证主持人允许不得发言、提问；

（二）未经听证主持人允许不得录音、录像和摄影；

（三）听证参加人未经听证主持人允许不得退场；

（四）不得大声喧哗，不得鼓掌、哄闹或者进行其他妨碍听证秩序的活动。

第二十四条　听证主持人核对听证参加人，说明案由，宣布听证主持人、听证员、记录员、翻译人员名单，告知听证参加人在听证中的权利义务，询问当事人是否提出回避申请。

第二十五条　听证按下列程序进行：

（一）办案人员提出当事人违法的事实、证据、行政处罚建议及依据；

（二）当事人及其委托代理人进行陈述和申辩；

（三）第三人及其委托代理人进行陈述；

（四）质证；

（五）辩论；

（六）听证主持人按照第三人、办案人员、当事人的先后顺序征询各方最后意见。

当事人可以当场提出证明自己主张的证据，听证主持人应当接收。

第二十六条　有下列情形之一的，可以中止听证：

（一）当事人因不可抗力无法参加听证的；

（二）当事人死亡或者终止，需要确定相关权利义务承受人的；

（三）当事人临时提出回避申请，无法当场作出决定的；

（四）需要通知新的证人到场或者需要重新鉴定的；

（五）其他需要中止听证的情形。

中止听证的情形消失后，听证主持人应当恢复听证。

第二十七条　有下列情形之一的，可以终止听证：

（一）当事人撤回听证申请或者明确放弃听证权利的；

（二）当事人无正当理由拒不到场参加听证的；

（三）当事人未经听证主持人允许中途退场的；

（四）当事人死亡或者终止，并且无权利义务承受人的；

（五）其他需要终止听证的情形。

第二十八条 记录员应当如实记录，制作听证笔录。听证笔录应当载明听证时间、地点、案由，听证人员、听证参加人姓名，各方意见以及其他需要载明的事项。

听证会结束后，听证笔录应当经听证参加人核对无误后，由听证参加人当场签名或者盖章。当事人、第三人拒绝签名或者盖章的，由听证主持人在听证笔录中注明。

第二十九条 听证结束后，听证主持人应当在五个工作日内撰写听证报告，由听证主持人、听证员签名，连同听证笔录送办案机构，由其连同其他案件材料一并上报市场监督管理部门负责人。

市场监督管理部门应当根据听证笔录，结合听证报告提出的意见建议，依照《市场监督管理行政处罚程序规定》的有关规定，作出决定。

第三十条 听证报告应当包括以下内容：

（一）听证案由；

（二）听证人员、听证参加人；

（三）听证的时间、地点；

（四）听证的基本情况；

（五）处理意见和建议；

（六）需要报告的其他事项。

第六章　附　　则

第三十一条 本办法中的"以上""内"均包括本数。

第三十二条 国务院药品监督管理部门和省级药品监督管理部门组织行政处罚听证，适用本办法。

法律、法规授权的履行市场监督管理职能的组织组织行政处罚听证，适用本办法。

第三十三条　本办法中有关执法文书的送达适用《市场监督管理行政处罚程序规定》的有关规定。

第三十四条　市场监督管理部门应当保障听证经费，提供组织听证所必需的场地、设备以及其他便利条件。

市场监督管理部门举行听证，不得向当事人收取费用。

第三十五条　本办法自 2019 年 4 月 1 日施行。2005 年 12 月 30 日原国家食品药品监督管理局令第 23 号公布的《国家食品药品监督管理局听证规则（试行）》、2007 年 9 月 4 日原国家工商行政管理总局令第 29 号公布的《工商行政管理机关行政处罚案件听证规则》同时废止。

实用附录

行政处罚听证流程图

听证的告知、申请和受理

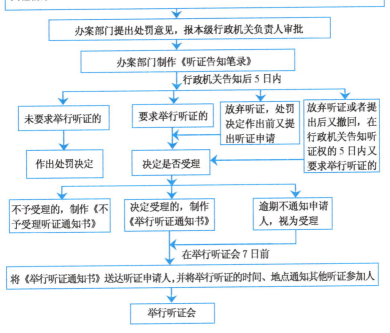

拟作出下列行政处罚决定：（1）较大数额罚款；（2）没收较大数额违法所得、没收较大价值非法财物；（3）降低资质等级、吊销许可证件；（4）责令停产停业、责令关闭、限制从业；（5）其他较重的行政处罚；（6）法律、法规、规章规定的其他情形。

↓

办案部门提出处罚意见，报本级行政机关负责人审批

↓

办案部门制作《听证告知笔录》

行政机关告知后 5 日内

| 未要求举行听证的 | 要求举行听证的 | 放弃听证，处罚决定作出前又提出听证申请 | 放弃听证或者提出后又撤回，在行政机关告知听证权的 5 日内又要求举行听证的 |

作出处罚决定

决定是否受理

| 不予受理的，制作《不予受理听证通知书》 | 决定受理的，制作《举行听证通知书》 | 逾期不通知申请人，视为受理 |

在举行听证会 7 日前

将《举行听证通知书》送达听证申请人，并将举行听证的时间、地点通知其他听证参加人

↓

举行听证会

听证的举行

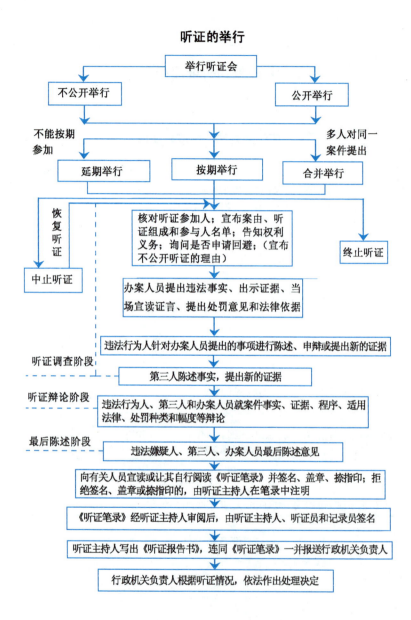

举行听证会

不公开举行　　　　　　　　　　公开举行

不能按期参加　　　　　　　　　　　　　　　多人对同一案件提出

延期举行　　　　按期举行　　　　合并举行

恢复听证

核对听证参加人；宣布案由、听证组成和参与人名单；告知权利义务；询问是否申请回避；（宣布不公开听证的理由）

终止听证

中止听证

办案人员提出违法事实、出示证据、当场宣读证言、提出处罚意见和法律依据

违法行为人针对办案人员提出的事项进行陈述、申辩或提出新的证据

听证调查阶段

第三人陈述事实，提出新的证据

听证辩论阶段

违法行为人、第三人和办案人员就案件事实、证据、程序、适用法律、处罚种类和幅度等辩论

最后陈述阶段

违法嫌疑人、第三人、办案人员最后陈述意见

向有关人员宣读或让其自行阅读《听证笔录》并签名、盖章、捺指印；拒绝签名、盖章或捺指印的，由听证主持人在笔录中注明

《听证笔录》经听证主持人审阅后，由听证主持人、听证员和记录员签名

听证主持人写出《听证报告书》，连同《听证笔录》一并报送行政机关负责人

行政机关负责人根据听证情况，依法作出处理决定

当场收缴罚款流程图

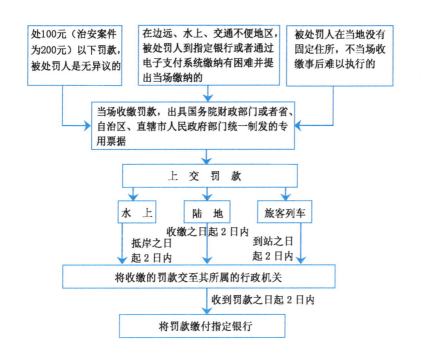

处100元（治安案件为200元）以下罚款，被处罚人是无异议的

在边远、水上、交通不便地区，被处罚人到指定银行或者通过电子支付系统缴纳有困难并提出当场缴纳的

被处罚人在当地没有固定住所，不当场缴纳事后难以执行的

当场收缴罚款，出具国务院财政部门或者省、自治区、直辖市人民政府部门统一制发的专用票据

上 交 罚 款

水 上

陆 地

旅客列车

收缴之日起2日内

抵岸之日起2日内

到站之日起2日内

将收缴的罚款交至其所属的行政机关

收到罚款之日起2日内

将罚款缴付指定银行

重要法律术语速查表

法律术语	页码
行政处罚	第 4 页
行政处罚的适用条件	第 8 页
公正、公开原则	第 8 页
过罚相当原则	第 9 页
处罚与教育相结合原则	第 11 页
被处罚者的救济途径	第 12 页
受处罚不免除民事责任的原则	第 14 页
处罚的种类	第 16 页
法律设定的行政处罚	第 21 页
行政法规设定的行政处罚	第 22 页
行政法规的补充设定权	第 22 页
地方性法规设定的行政处罚	第 23 页
地方性法规的补充设定权	第 24 页
国务院部门规章对处罚的设定	第 26 页
地方政府规章对处罚的设定	第 28 页
对行政处罚定期评估	第 29 页
其他规范性文件	第 29 页
处罚的实施机关	第 32 页
处罚的实施范围	第 32 页
相对集中行政处罚权	第 35 页
法律、法规授权	第 38 页
行政处罚的委托	第 40 页

法律术语	页码
地域管辖	第 42 页
级别管辖	第 44 页
指定管辖	第 45 页
报请	第 46 页
共同的上一级行政机关	第 46 页
行政协助	第 47 页
行政处罚与刑事司法的衔接	第 48 页
同一行为不得重复处罚	第 54 页
未成年人处罚的限制	第 58 页
精神病人及限制性精神病人处罚的限制	第 59 页
从轻、减轻行政处罚	第 60 页
不予行政处罚	第 66 页
初次违法	第 66 页
行政裁量	第 67 页
刑期的折抵	第 68 页
罚金的折抵	第 68 页
处罚的时效	第 69 页
时效的特别规定	第 69 页
法不溯及既往	第 72 页
行政处罚无效	第 72 页
信息公示	第 73 页
电子技术监控设备的适用	第 77 页
行政执法资格	第 78 页
回避	第 78 页
陈述权、申辩权	第 81 页

法律术语	页码
证据	第 82 页
行政处罚全过程记录	第 84 页
行政处罚决定公示制度	第 85 页
突发事件应对	第 86 页
保密义务	第 86 页
隐私	第 87 页
当场处罚	第 88 页
当场处罚的程序	第 91 页
当场处罚的履行	第 92 页
收集证据	第 93 页
检查	第 94 页
及时立案	第 94 页
调查或者检查的程序	第 94 页
收集证据的方法	第 95 页
法制审核	第 98 页
处罚决定书的具体内容	第 99 页
行政处罚决定作出期限	第 100 页
送达	第 101 页
处罚的成立条件	第 102 页
听证权	第 103 页
听证程序	第 109 页
听证结束后的处理	第 111 页
履行处罚决定义务	第 112 页
罚缴分离原则	第 114 页
当场收缴罚款	第 115 页

法律术语	页码
边远地区当场收缴罚款	第 116 页
罚款票据	第 116 页
当场收缴罚款的交纳期限	第 117 页
加处罚款	第 118 页
拍卖财物或者划拨存款	第 118 页
申请法院强制执行	第 119 页
申请复议、提起诉讼不停止处罚的执行	第 119 页
加处罚款不予计算	第 120 页
没收的非法财物的处理	第 121 页
行政处罚监督	第 122 页
上级行政机关的监督	第 123 页
当事人的拒绝处罚权及检举权	第 125 页
自行收缴罚款的处理	第 126 页
截留、私分罚没财物的处理	第 126 页
索取、收受他人财物的处理	第 127 页
使用、损毁查封、扣押财物的法律责任	第 127 页
违法实行检查或执行措施的赔偿责任	第 128 页
以行代刑的责任	第 128 页
行政不作为的法律责任	第 129 页
属地原则	第 130 页
工作日	第 130 页

图书在版编目（CIP）数据

行政处罚法解读与应用／邵岩编著. —北京：中
国法制出版社，2023.8
（法律法规新解读丛书）
ISBN 978-7-5216-3355-9

Ⅰ.①行… Ⅱ.①邵… Ⅲ.①行政处罚法-法律解释
-中国 Ⅳ.①D922.115

中国国家版本馆 CIP 数据核字（2023）第 044010 号

责任编辑：李连宇 　　　　　　　　　　　　　封面设计：李　宁

行政处罚法解读与应用

XINGZHENG CHUFA FA JIEDU YU YINGYONG

编著/邵岩
经销/新华书店
印刷/三河市国英印务有限公司
开本/880 毫米×1230 毫米　32 开　　　　　　印张/ 7　字数/ 152 千
版次/2023 年 8 月第 1 版　　　　　　　　　2023 年 8 月第 1 次印刷

中国法制出版社出版
书号 ISBN 978-7-5216-3355-9 　　　　　　　　　　　定价：25.00 元

北京市西城区西便门西里甲 16 号西便门办公区
邮政编码：100053 　　　　　　　　　　　　传真：010-63141600
网址：http：//www.zgfzs.com 　　　　　　编辑部电话：010-63141811
市场营销部电话：010-63141612 　　　　　印务部电话：010-63141606

（如有印装质量问题，请与本社印务部联系。）

【法融】数据库免费增值服务有效期截至本书出版之日起 2 年。